總持諸法　合於一道

佛法教觀入門

佛法是人性中最完美　最究竟的指歸

宋智明◎著

當我們在得到天台教觀啟示的同時，
更應根據自己的因緣關係去實踐佛法。

【目次】

自序

當我們在歷涉人世的苦樂、泛讀生命的進程之後，終於回到了三寶的座下，以虔敬的信心，歸仰無上菩提大道，於是就有了深入佛法的要求——拜明師、參大德、研經論、入宗門；就有了統攝一切，融入自心的願望——總持諸法，合於一道。但是面對浩瀚的三藏經典與衆多的論典，面對諸宗的異說與學者的看法；面對諸位善知識的不同提法與宗趣，學人到此往往覺得佛法太過深廣無涯，難以會通融貫，心中不免因矛盾而發生退卻。這時《佛法教觀入門》一書，也許對此時的您有統一認識的作用，使您在較短時間內，把握整個佛法的各個層面的精義。

佛陀因人而說法，佛法因人而弘揚；佛法不離人間，人間更因佛法而祥光。佛法的真義要藉人的悟智去實踐，方能生發出生命力。因此，由佛法而流佈出的任何一個宗派，都是有成就的大德，以其在智慧願力的作用下，爲了適應時代衆生的根機而善巧設立的方便，使有緣衆生就路還家。所以當我們在得到天臺教觀啓示的同時，更應根據自己的因緣關係去實踐佛法∴如因天臺而修止觀的入道；或「教在天臺，行歸淨土」；或「臺密一致，融通不二」，或「臺禪一體，頓漸並行」等等，均可因人而異，藉法入道。

佛法是人性中最完美、最究竟的指歸，所以佛法在人心中，而當一個通過佛法如實熏習的佛弟子，以其活潑而實際的智行，在超越一切的同時，又攝持一切、透視一切、空明無礙，成爲不被物拘的自在人！

真誠的希望《佛法教觀入門》這本書能給予您融攝一切佛法的契機，在神思悟智中，飛越教觀的海洋，到達涅槃的彼岸！

宋智明作於溫州詳山

一九九八年四月九日

第一章　序說

這本關於天臺教觀的文字，是二十年前依溫州李德生先生座下研究佛法後的習作，它總結整理了古人留下來的佛教理論與實踐方面的全部內容，而形成的一個完整的系統；它是依佛所說的經論經過智者大師的判攝後，所提煉出來的佛法根本旨趣，學者如能認真仔細地去體悟，就可事半功倍地獲得佛陀一代時教的所有層次與修證的要妙。因此，經智者大師判攝的五時八教，是漢地佛教概括整個佛法內容的最精闢的綱要，能使後代學人不須費很多周折即能掌握佛陀出世的本懷。

閱讀佛教教觀類的書，首先要作爲一個經歷者去看解脫成佛的理論是怎樣的，它的行持之道是如何向終極目標延伸的，它又是如何運用善巧的方法去對治煩惱、恢復自性的清淨的。因此，當你細細地瀏覽一遍後，就有了一個清晰明瞭的輪廓，使佛對機說法的全部過程與要義，融入心中，判斷無疑，攝賅無遺，且總持不忘。如此這般的把握，非常有利於今後的研學與修持，不致被文字義理及修途景象所迷。

一次閱讀是不夠的，應當再回過頭來看，那又會有新的起點與意境的不同，我們稱爲**隨文入觀，即理即事**。當你聯繫實際的時候，諦觀不昧的觀智也就逐漸而開，這種心地的開解使那些本來難以明白的人生問題，各種各樣的生命困惑，以及修行的次第與途徑，都了然在心目之中，釋然無礙，這即是文字般若的開發，藉此智慧，方能透解文字而超越文字，徹明事理而觀照事理。佛陀所垂示的法燈燃照在心念間，時時做爲人生向上的精神力量，指導我們實修的正確方向。

由於善巧學習，諦觀自心，明徹理事，所以心中豁然了悟，頓時覺了一切佛法的根本意旨與方便設施，心中如釋重負，啊！佛法原來如此，纔知逗機立教的法門雖有無量，卻總是破執的工具，一切法都是爲了開顯本具的佛性，而此佛性雖具一切法，卻了無一法可得。無可得故，心中不滯一法，不落一境，不執一諦，內心有一種與佛智相應的超脫意境與真實的法喜。從此而觀一切經論宗派，凡有言說皆無實義，性、相、空有、般若、業力，一一融會通達，不再是非角立，任其千說萬說，總不出一念心智的妙觀。

從此由表到裏，由淺至深，由外及內，由解入行，再回歸真性而證入聖位，於是超出我執、法執；超出界內、界外；超出有爲、無爲；超出生死、涅槃；超出煩惱、菩提；一切的功行與悟證，一切相待立言的方便，統統超出而妙契，不二中道，虛明朗照，自在無礙，任運語默，動靜皆是。圓明不立，而圓立衆生，隨類應化、變化無量。如此學修，方能將教觀之妙作用於實際，必能將所信所解、所行所證的大道一一化歸一體自性而包融法界萬物，窮盡真源、道化無迹，圓成了本自具足的佛性！

第二章　教觀概論

學修天臺宗法門，首先要掌握好教與觀的兩個基本的內容。因爲教是佛陀的一代教育方法，它統攝佛法的一切言語文字及其性相義理；觀則是佛陀所指示的具體的實踐工夫，它包含佛法的無量行門與實證方法。二者相輔相成，總持了世出世間的事理諸法，而攝歸於成佛之路上的因果與心性，使人藉教悟理，由理而導行；以因地的觀行，漸趨果地的大覺，圓證心性妙法，成就不思議的力用。由此可知，教觀是臺宗乃至一切佛法的關鍵，是一切佛法的理論與修持的總匯歸，也是學佛者依之進修的準繩。

一、教與觀的意義

佛法的根本在諸法實相，佛陀因究竟證入了諸法實相，所以完全契合了宇宙人生的真實理性，可以說這是佛陀所親證的法，簡稱爲證法；佛陀一代時教的流布弘傳，是以九界衆生爲對象的，言必逗機，所以完全契合時代與衆生的實際情況，可以說這是佛陀所教導的法，簡稱爲教法。在佛陀所證的諸法實相絕待妙性上說，本無言語文字及諸方便法門，連唯一獨證的「一」，尚且不可得，何況有五時八教等次第。所以，世尊在《法華經》上說：「諸法從本來，常自寂滅相。」可見，在佛陀所證的「一」而說，是絕待圓融，不可思議，但因佛陀慈悲願力不可思議，爲度衆生而興無緣大慈，在無生中而現身千界，以無言體宣演無量法門。這在佛陀自證聖體離言妙境上說即是實智——佛陀自證的一切種智。在利濟衆生上說即是權智——差別權現，適應機緣的方便之智。但權實不二，一心圓具，猶如大圓鏡的鏡體與照用一樣是二而不二的。佛陀在娑婆世界隨機巧說佛法四十九年，談經三百餘會，演化八萬四千法門針對衆生的八萬四千塵勞煩惱，從而使一切有緣衆生離一切執著而開顯本來真性。從迷界歸納起來說，衆生的煩惱不外乎三惑——見思、塵沙、無明。衆生有無量諸苦，而以分段、變易二種生死爲根源。總之，衆生的一切煩惱與諸苦，都因迷失自性、流落他鄉、認妄爲真而執起的幻妄之病，有病必須用藥，教與觀正是診治衆病的妙藥。如見思（界內人）病重的人，佛即對他說藏教的教觀。見思病輕的人，佛即對他說通教的教觀。無明（界外迷於法性的根本惑）病重的人，佛即對他說別教的教觀。無明病輕的人，佛即對他說圓教的教觀。化儀四教也一樣，隨機下藥皆可治病破惑。

佛法的方便法門雖有無量，但破惑顯性的目的都是一致的，一旦達到了大徹大悟的境域，那麼，連法門也沒有作用了。因此，佛陀雖然演說五時八教等無量法門，其實並沒有將實法給予人，更不是以神通等超度你成佛。祇是要你信解行證，依法行持，一旦惑盡情空，證入實相，纔知原來惑本無體，法亦枉施，祇因迷了自性，故受生死痛苦。若歇下狂心，迴光返照，當下即是一真本體，那裏還有心外之法可求呢？但衆生機有利鈍，見有淺深，修有勤惰，因此，要通過種種法門的修習與用功的歷程纔能見性成佛。而所設的法門，若不契理契機，怎能取得聖果？所以，流布門頭不得不立，方便善巧不得不施，這是諸佛乃至歷代祖師的良苦用心處，爲盡使一切有情，悉歸毗盧性悔，同登菩提覺岸，如來出世的本懷，方由斯而暢！祖師的悲願亦因之而滿！

二、教觀的相互關係

教觀既然是學修佛法的根本，超凡入聖的關鍵，那麼，一定先要深入細緻地研究教理，明瞭世尊五時八教中的權實與三諦三觀等的立教之旨，通達實踐觀行的正助次第與全過程，方能真正地深入佛法、實證佛法。

教與觀的相互關係問題，看上去似乎是很簡單，但歷代以來，許多臺宗學者，往往偏取一面，未能相互結合，因此，便失去了學修臺宗的真正利益。教與觀在論述時，雖有前後差別，但教是理論性的指導，觀是實踐的工夫，所以教中論述的，是如何實踐觀心的方式方法；觀中所修所證的，正是教中所說的旨趣，二者是一致的。由此我們可推導出這樣的結論：觀行的實踐工夫如失去了正確教理的指導，即會走入歧途，或昧於暗，以致誤入邪道；單有教理的研究學習，而不去實踐具體的觀心工夫，等於畫餅充饑，永遠也得不到真實的受用！

《大智度論》對此作了深刻的論述：有慧（觀）無多聞（無教理認識），是不知實相，譬如大暗中，有目無所見。多聞（豐富的教理知識）無智慧（不從事觀照實修），亦不知實相，譬如大明中，有燈而無照（不去依教實踐）。這正十分明確地指出教觀偏攻的過失，不但道業難成，更有因偏解生狂或偏行成愚而牽入惡道的危險性。

根性較鈍的人，在教理的學習上，必須日積月累，當有了一定的程度，纔可去做真正的實踐工夫。根性稍利的人，可以一邊學習、一邊實踐，逐漸達到圓滿的地位。根性最利的人，一聞千悟，即解即行，解行是當下一致的。

宋儒朱熹在關於理論與實踐的關係上曾指出，知與行是相互關聯不能分開的，好像目與足的相互關聯一樣：祇有目，沒有足，是行不動的，祇有足，沒有目，是看不見的，能夠行，便應能夠看；不能夠看，怎麼能夠正確地行動呢？從先後方面講，知在先，從輕重方面説，行爲重。知愈明，行愈篤，行愈篤，知益明。所以知行二者在修養上是決不可偏廢的。這是針對漸次修學的人而言的。而王陽明卻認爲，知是行之始，行是知之成，知與行是一致的。因爲主張心與理、知與行的合一，所以是對大根器人而言的。這二位宋明大儒都受佛法的影響而創立了宋明的理學。在學習與行持上的見解，也是十分中肯的。聯繫於教觀，知就是對教理的認識，從而認識人生宇宙的真理，行就是如何實踐於教理，從而體證心性的功德妙能。如是先知後行，即法從外來，再通過觀行，引發自身智慧，假使悟教理不出心性、自心本具一切諸法，則全性起修，全修在性，性修不二。這樣知與行即是同時合一的。各人的根性不同，在理論的學習和觀行的實踐上，還須根據實際情況來決定，決不可盲目的學習和盲目的修持。

由上可知，教觀的關係即是：合之則雙美，離之則兩傷，是相互依賴，不可分割的。正如明代蕅益大師在《教觀綱宗》中所指出的：「觀非教不正，教非觀不傳。有教無觀則罔，有觀無教則殆。」如是教觀互資互成，方能圓成道果！

第三章　八教概論

一、八教的由來

佛陀在世時，並沒有劃分說法的時間次序和教理的淺深，是隨類設教的，但佛弟子們的根性、認識及得益的程度有不同，故各人以自己所悟所證的法理與境界以為是佛法真義。世尊滅度後，上座部（是佛在世時的常隨眾）有一千二百多人，在阿難、迦葉、優波離的領導下，分別綜合結集了經、論、律三藏，把大眾所聞的佛法統一起來，以便更好地弘傳流佈，這樣就形成了原始佛教的重要典籍。此外，大眾部（在民間的佛弟子們）在窟外也進行了一次富樓那結集、菩薩結集等。

佛滅二百多年後，原始佛教由盛轉向衰落，原因是後來的學者們對佛的戒律提出許多不同的看法。一爲固守佛制，一爲適應時代情況而改制，因此，逐漸分裂成二十多派的觀點，稱爲部派佛教。到了佛滅五、六百年間，佛的正法再也無法彰顯於世。這時馬鳴菩薩開始提倡大乘佛法，初開大乘佛教的先河。龍樹菩薩繼承馬鳴菩薩的旗幟，大弘大乘佛法，破斥部派的爭執，抉擇各派的觀點，以般若義而造《大智度論》、《中論》、《百論》等，發揮大乘佛法的究竟空義。這是世尊滅後的第二次綜合整理。從這以後的幾百年中，大乘學者們又以不得其中真義而起紛爭。到了佛滅八、九百年間，無著菩薩發揮法相的畢竟有義，以《瑜伽師地論》等，做了第三次的綜合整理。從此以後，大衆的根性變化，又兼大乘空有二宗（代表人物是空宗的清辨和有宗的護法）之諍，大乘佛法遂轉入民間化的密宗興盛時期了。此後佛法流入民間，同風俗結合再無人進行整理了，印度佛教遂逐漸消亡。

佛法流傳到中國，賢首宗的法藏大師有三時五教的綜合整理，天臺宗智者大師有五時八教的綜合整理，稍晚在西藏則有黃教的宗喀巴大師的《菩提道次第論》的綜合整理；到了民國太虛大師看到世界精神和物質的文明發展，原有的佛教形式不再適應現代社會，故根據佛法的真義，提出「直指人生，增進成佛」之口號，普及佛化教育，堅持五戒、十善的人間淨化，使佛法真正有益於人生世間，因此，綜合整理了——《人生佛教》，爲指導現代佛教學者的一大指針；以上是中國佛教流傳的基本情況。

爲甚麼佛法有這樣一次又一次的綜合整理呢？這是因爲一切佛法的流傳，是與時代的社會環境有密切的關係，不同的時代必有不同的社會思潮，不同的生活方式，衆生接受佛法的條件也必不同。因此，在弘法的方式方法上，爲了適應時機，把佛教法藏中適應時代根機的學說加以整理發揮，以便適合時代使人易於接受。這種契合時代機宜的做法，就是俗諦門中隨緣的方便善巧。所以凡是利於衆生的，皆使成爲佛化的權宜法門。但在真諦方面說，絲毫不受時代與根機的限制和影響，它是無始無終、超越時間與空間的。歷代祖師大德們，因爲圓證了佛法實相的真理，爲了方便度脫一切衆生，所以以俗諦理觀察時代衆生的根性，將佛法契機的教法進行綜合整理，使一切衆生由方便門，入於菩提道。因此，這一次次的整理，正是闡揚佛法真義、發揮佛陀慧命的大善巧、大方便，是衆生賴以進入佛法真實處的橋樑。

智者大師的五時八教判攝，在當時的佛教情況看，實可以說是集了從前判攝的大成而啓示於後世的。就是依現代人的科學觀點講，也是完全確當的。因單就藏教而言，雖側重在無我解脫的小乘涅槃，但其中的理論與行門，卻已包含了人天乘法的世間法基礎，如因緣生法與因果法則，是完全融攝而無遺漏的，可以看做是共通的基礎而逐漸升進至大乘佛法。更就臺宗的圓融而言，則開權顯實，會三歸一，一切差別攝機的法門，全是佛智的妙顯，因此藏教的佛法，亦無非是一乘法門，即一切法無非佛法。祇要能正確地圓解臺宗真義，然後立足人生現實，增進人類的幸福，指導不同根性的人，依法進修，返妄歸真，大開圓解，成就佛道。那麼，佛法的現實價值與廣泛弘布就能獲得成功。因此，臺宗教觀所內蘊的智慧與作用是無盡的。故應當虛心挖掘、開發，方不辜負祖師們的一番苦心！

但是，明代以後的學者們，大多以教相判攝為能事，不知依教實修開發智慧，進而圓攝一切佛法，進行自利利他的教化事業。也即由自己的觀心修證、實際體悟所獲得的經驗，繼而廣泛地吸收古今佛教內外的一切知識進行整理綜合，把一切有用的知識與經驗，歸攝到本宗的系統中，以便更好地弘揚佛法，適應時代。因為近代臺宗的法裔沒有這樣做，所以臺宗便一代衰如一代，雖有中興的大師，但都未能徹底使臺宗改觀，這是我們臺宗後學應予以重視的。

二、八教大意

八教分化儀四教和化法四教。大師將佛說法的形式在諸種說教的性質與位置上加以說明的，即是所謂的「化儀之判」，化儀即是教化的方法或形式，在八教中即是頓教、漸教、祕密教、不定教。大師又在佛說法的內容上做淺、深、偏、圓分判說明的，即是所謂「化法之判」。化法即是佛所教化的一切義理內容與法門，在八教中即是藏教、通教、別教、圓教。

現將八教的大意略釋如下：

㈠、頓教：如佛在《華嚴經》中說的，是將自己的悟境直接演繹出來。佛的說教方法及形式都是頓速的，所以叫做頓教。

㈡、漸教：如阿含、方等、般若的三個時期都是佛為淺根之人逐漸誘導的法門，使之歸於圓頓一乘妙法，所以叫做漸教。

小根機人雖聞佛說實相妙法，但因心識閉塞，執著太深，故如聾如盲，完全不懂，因此，佛將教法的高位降至下位，又逐漸從下位漸次進修至高位。所以漸教必須經歷次第的學修，最後趣入佛乘。由阿含至般若的三時，稱之爲三漸。

㈢、祕密教：是祕密不定的略稱。當佛說法時，佛所說的法雖同一味，如蜜一樣，中邊皆甜，而聽衆方面有解作大乘的，也有解作小乘的，隨聽衆不同的根性有不同的理解。聽衆雖然很多，但彷佛覺得佛是爲我一人而在說法，並且各人又互不相識相知，所以叫做祕密教。

「佛以一音演說法，衆生隨類各得解。」這是《維摩詰經》中的〈贊佛偈〉，說明了佛的法音圓滿遍施的道理。而因衆生機感不同，就有不同的悟解。因此，說法的深淺本無一定準則，祇是因衆生根性而有差別。所以後世的佛弟子們對佛法的不同認識，也源於各人的心得不同，並非佛法有異。可見，在法的教海裏，要圓解佛說法的真詮是不容易的。

㈣、不定教：是顯露不定的略稱。和祕密不定不同的是：一座的聽衆同聞佛法時，各人所得的體會雖不一定，但各人相互之間卻是可以瞭解的，所以叫做顯露不定。

這兩種化儀教散見於各經中，不能如頓漸有確定的經典可以分析，所以現在學修的人，也同樣按各人的根性而在諸經中，有可深、可淺、可頓、可漸的見解及修證，也存在著兩種不定化儀的。如能海上師在後期認爲《阿含經》是最深妙的佛法，而以自己的悟解替《阿含》作了筆記，闡述妙義，就是即淺而深的一個例證。

以上四教具有一定的規律性，如同世間的藥方一樣，在臨牀治病時，可根據病人的症狀而設計醫療方案與治療劑型。

(五)、藏教：是三藏教的略稱。三藏教即是專指經、律、論分得很嚴之小乘教而言，對執著實我或有我解脫的人說無我解脫的方法，是專就現象界而說業果緣起的道理，是以生滅四諦爲修學原則。其中也包括緣覺與菩薩的偏真之行。因爲未論及心性本體及與真如，所以是爲小根人而立。

其實，大乘教也分經、律、論三藏，但因區分不及小乘教的區分來得嚴密，因此，小乘教特稱爲藏教，即源於這種分析。

(六)、通教：是綜合小乘及執實菩薩過渡到大乘體空如幻的一切教法。聽衆聞法以後，各隨根機，有解作小乘的，也有解作大乘的，也有更進而解作別教或解作圓教的。這樣，因隨機不同，得通上下各級的教義，所以叫做通教。

(七)、別教：別教與通教相反，是與小乘教完全隔絕，純爲大乘。但又不同於圓教的遍攝諸法，因爲是菩薩的特殊之教，所以叫做別教。

(八)、圓教：是融攝一切大小法門的圓融之教，超越出大小的區別。又大小融合，歸入一乘佛法，是圓融圓滿的無上之教。也即是佛利生究竟目的上終極旨趣，所以叫做圓教。

以上四教就內容而言，是由淺至深，爲一切佛法的具體次第及至究竟妙法。這如同世間的藥味一樣，可以根據具體的病情而施用諸品份量。如來猶如大醫王，能以種種道品法藥，對治一切衆生的煩惱疾病。

需要注意的是，頓、漸、祕密、不定的化儀四教的應用範圍，不能超出藏、通、別、圓的化法四教以外，即化法四教中，各各含有頓、漸、祕密、不定的化儀四教，隨機不同，故有頓漸等的悟證。因此，以化法四教爲統攝諸法的根本，以化儀四教爲隨機變通的應用。如此化法與法儀纔能融爲一個整體，法法融通，變化無礙，生發出無窮的智慧之光！

第四章　觀法概論

在八教中分出析空觀、體空觀、次第觀、一心觀、頓觀、漸觀、不定觀七種。唯祕密教因無法言傳指授，所以無法設觀。

藏教所攝受的一類根性很鈍的衆生，以分析世間惑業諸法皆空的道理。使之破除對人生世界所執的常、樂、我、淨的虛妄偏見，因爲他們對自我的真實性執著重，所以智慧淺劣，對於世界的精神與物質現象，不瞭解它們惑業緣起的根源。所以，他們妄執人生以及萬物都是常住不變、真實不虛的；妄執人類的生活活動有真正的快樂，並以爲通過努力追求來達到真正的快樂；妄執五蘊幻成的身心，以爲實有我與我的人格，並可以主宰我的身心、控制現在的生活與未來的前程；妄執四大和合的幻軀，以爲是清淨和自在，並依此身體而可享受世間的種種五欲的歡樂。有了以上的四種顛倒，所以在人生以及萬物的刹那生滅中而誤以爲萬物常住，由此而迷失了萬法無常的真理。在人生的一切苦境中，而不瞭解所感受的身心諸法爲苦，更不知一切諸苦的集起原因，由此而迷失了人生皆苦的真理。在五蘊幻成無我中，而誤以爲我的主宰及我所作，於是依身、口、意三業發生一切有漏的善惡業因，由此而迷失了無漏的涅槃寂靜的無我真理。在四大幻軀的種種不淨及不自在中，而誤以爲是清淨與自在，於是貪圖身體的享受與欲樂，迷失了身體不淨的真理。

由這四種顛倒，產生了貪、瞋、癡、慢、疑的五鈍使與身見、邊見、戒取見、邪見的五利使。所謂鈍使是來得緩慢去得也難的情感性的煩惱，而利使則是變化較快的認識上的煩惱。由於這見思二惑在人的心靈中起了交融的作用，於是使衆生在生命流程之業因的感召與業果的緣起中，不斷地受著生死流轉的痛苦。因爲迷妄的緣故，反而在諸苦、不淨、無我、無常中而不自覺知，反而以爲是永常、快樂、實我、真淨，所以無法超越三界生死。

藏教的析空觀是用分析方法觀破四顛倒中的實性。如用三苦、八苦等苦觀來分析人生唯苦無樂，使之離於世界五欲的貪著而入於空寂。以空觀方法分析世界的精神與物質，並沒有實體可得，唯是虛妄的四大、五蘊諸法的假和合，萬法都在刹那的變滅中，其體畢竟空寂。以無我觀分析五蘊幻成的身心，因緣所生，幻妄所現，如芭蕉莖，其中不實，了達過去無我、現在無我、未來無我，由我不可得故，其體畢竟空寂。以九不淨、八背捨等不淨觀來分析身體的各個組成部分，了知四大假合，本無實性，使之不貪著於身體。由不貪故，使麤四大變細四大，由細四大變極細四大，最後進入清淨四大而達於空寂。

由於了達諸法皆空而斷盡有漏煩惱證入偏真涅槃，永離於三界有爲的生死痛苦，不再受後有的繫縛，成爲出世的聖人。因未盡性起，所以稱偏，——以定法持心而安住於偏空的真性中，已度法界內煩惱。

通教所攝受的一類衆生，根性比藏教稍利，不再用分析觀察法來破執，而能在萬法紛呈之際，體會如幻如化，當體即空的理體，便能悟入自性皆空的無言無相之真諦，這一觀法叫做法體空觀。因爲這一類衆生，對自我的執著稍輕，而對萬法的執著較重，又因根性稍利，不須經歷次第分析，而能依佛言教領會到當處即空的道理。

由於人們對五蘊、六入、十二處、十八界不知皆空的道理，而執爲實有我以及我所有。於是在無生之中執實有其生，在無言中執實有言說，妄情紛然，隨境流轉，因此，順生死之流而不能解脫，佛在通教的體空觀中開示我們，要觀察五蘊、六入、十二處、十八界，都是因緣和合而生的假相，無論是主體或客體，能生諸法的「根」既無恆體也無常性，所生萬法的現象又剎那無常，也不真實存在。好像浮雲、水泡一樣，當體即空，所以稱爲緣生性空。自性（即法性）雖空無一法，但自性具有能生諸法的功能，因此，又可具備萬法，這所生的萬法，不離自性而別有，所以稱爲性空緣生。

體入緣生性空後，即能見於真諦之理，不再受萬法的迷惑而解脫出見思的煩惱。也不再受十二因緣的生死流轉而歸於寂靜涅槃。

如體入性空緣生後，即能見於俗諦之理，不再受塵沙的迷惑而入於菩薩的大乘法門，隨緣度生，慈悲廣濟，這即是以通教觀入別教法。

如能體入緣生性空，性空緣生，即二而一，即一是二，生無所生，無生而生，圓融無礙，當體妙契，即能見於中道第一義諦，不再受無明的迷惑而證於無上菩提，這即是以通教觀入於圓教一乘妙法。

別教的教觀法門所攝受的是一類大根性的衆生，它以先空、次假、後中的次第三觀，使之入於大乘佛法的究竟妙道。因爲這一類的衆生具有大乘的根性，聽到大乘微妙法門，即能生淨信心而受持，發菩提心，上求佛道，下化衆生。所以別教菩薩的修行出發點即與前二教有所不同，前者以自利爲目的，後者以利他即自利爲究竟。因此，大乘菩薩的修行方法自始至終都是殊勝的，超越出二乘的狹小心量。

爲了成就菩提，廣度衆生，首先應該明瞭大乘佛法的一切義理。尤以大乘佛法的實相法印爲重要。因此，先由明瞭，次由觀照而入於真如三昧，證於空如來藏的妙性。由於入真如三昧故，纔能使信心不退。所以菩薩修行時，先從萬法中體證到唯有假名，本無實性的從假入空觀——空一切境與空盡心的覺受，使心境都泯而證於空解脫門，破三界見思惑，得一切智。次依從空出假觀——在空中見真性而顯性用，所以在空的本體中起方便的俗諦觀，入一切諸法中，慈悲喜捨，悲智兩用，廣設方便，隨類普濟，在一切塵勞煩惱中磨練，漸次斷除塵沙的迷惑，得道種智。菩薩體假入空，從空出假，因有出入，仍落二邊，故未圓滿；因此，菩薩在這基礎上，以平等一味的不二正智精進修學，逐漸消融無明習氣，圓滿福德與智慧。融會空假，證入即空即假，空假不二的中道第一義諦，盡無明的疑惑，證一切種智，從而全體顯現真如妙性的功德。

這個法門因爲初從體假入空，次從空出假，再從空假不二而證入中道，所以稱爲次第三觀。

圓教所攝受的是一類根性最利的衆生，以一心圓具三觀的圓融妙法，使之圓悟、圓修、圓證。因爲這一類衆生宿植深厚，具有圓教的種子，聽佛說諸法即空、即假、即中的實相妙義，便能觀察思惟，悟入實相。由此而了知萬法無非實相，頭頭是道，處處皆圓，圓融自在，一切無礙。然後依三觀實從一心中得的圓解，而起一修一切修的圓修，於是圓破一切煩惱（了惑本空，全體法界），而圓證無上菩提（初發心時，便成正覺）。

在圓觀中又分爲三類：

一、能圓解實相妙理而圓修圓證實相的是頓教的頓觀。

二、能圓解實相妙理而須漸次進修的是圓教的漸觀。

三、能圓解實相妙理，但在修持上卻不一定，或頓或漸，所證不同。這是因爲宿根所行有異，所以有不同的開發。譬如在初禪中，有的開發世間禪相，有的即發真如三昧或楞嚴大定，因爲行人開發沒有一定的規律，所以稱爲不定教的不定觀。

祕密教因無可言說，無法傳授，也就無決定之觀。如在以上七種觀中所悟證是祕密而不可互知的，勉强可以說即是祕密觀了。因爲是各人自己的密證境界，不能約定與不定的規律和方法來判攝，所以就不立觀了。

藏、通、別、圓的四觀各用十法組成一乘，能運載四類不同的衆生到涅槃彼岸。這十法中，正觀祇有一種，其餘九種爲助開正觀的助道品。

藏、通二種教觀，以析空觀、體空觀斷除見思煩惱，度脫分段生死，證真諦實際理地，能運行人至真諦涅槃。因爲塵沙，無明未除，所以仍未圓滿，經中稱此爲化城，唯通教中一類根性好的衆生，能於破見思後，進一步破塵沙、無明而進入別教、圓教中，所以可通於後二教。

別、圓二種教觀，以次第三觀、一心三觀，斷除見思、塵沙、無明的三惑，度脫分段、變易的兩種生死，證入了中道第一義諦。因爲究竟證入實相，具足了三身、四智，圓滿了三德祕藏，成就了常、樂、我、淨的涅槃四德，所以是運至中諦的大般涅槃（但別教僅斷十二品無明，故不圓滿）。

藏、通、別的三種教觀，是世尊大悲利生的善巧方便，是應衆生根性而設的權宜之法。因爲不是世尊直談自己所悟證的究竟妙理，所以稱爲權教。唯有圓教的教觀，是世尊直暢本懷而談的自證圓滿的境界，開顯了實相妙理，是究竟的指歸，所以稱圓教爲實教。

世尊的種種善巧教觀，正如世間學校所教授的課程一樣，有小學（譬喻藏教）、中學（譬喻通教）、大學（譬喻別教）、研究院（譬喻圓教），隨不同程度的學生，入不同的學校學習。因爲衆生迷惑有深淺，根性有利鈍，發心有勝劣，所以世尊就設立了種種不同層次的教觀，使衆生依次進修，就路還家。因此，法門雖有種種差別，歸元唯是一乘。這一乘法即是如來出世度生的本懷，其他一切法都爲這一乘法服務的。一旦入於一乘，也就權實消融，當體不二，究竟契證了實相本性。這時，教無可言，觀無所施了。

以上所論述的觀法，是總結了一切佛法中的大小觀門而成的，其中深淺歷然，是一切觀法的綱要，祇要掌握其中的次第與觀法，在悟解佛法上，就容易明白佛經中所闡述的一切法門的內在涵義與方便妙用。在具體的修持上，可依照觀察自己的工夫位次與其進程情況。因此，反覆地探討觀法的次第與其中的位次境界，深明佛法真義，融貫一切法用，進而攝之一心，由博而約，精修不已，實爲學修佛法者的一大要務，否則，盲修瞎鍊，走錯路頭，認妄爲真，成功即無希望。

第五章　五時概論

世尊一生說法四十九年，談經三百餘會。能說的智既不可思議，所說的法又無量無邊。如果不按說法的時間和內容來判攝一代教觀，後來的學者們，實難明佛法的綱宗。因此，智者大師入如來藏心，親睹靈山勝會，於是大智宏開，攝持佛陀一生言教而判爲五個時期，使學習佛教經典者對佛法的深淺階段心目了然。

智者大師將一代時教分爲五個階段：即華嚴時、阿含時、方等時、般若時、法華涅槃時，在《法華玄義》中有詳細的說明，以下分別概談這五個階段：

第一階段爲《華嚴經》的說法，這個階段的說法形式，佛是把自己所悟證到的境界稱性發揮的。可是當時的聽衆裏面，除普賢等四十一位法身大士外，一般弟子們都如聾如盲，莫名其妙。《華嚴經》的經文及說教方式固屬圓滿，但一般的聽衆程度不夠，所以教與機二者未能完全適合，因而在說教的方面也不能不略有變化。所以《華嚴經》不能算做全面圓被的說教的，祇能適應大機之類的衆生，而不適應淺近的一般弟子的。

第二階段是《阿含經》的說法。佛見《華嚴經》的實相妙法，不被一般聽衆所領會，於是把教的位置從高位降至下位，先說與機相應的淺近的理論與修法，然後逐漸提高。這第二階段說的法叫做小乘教。

第三階段是方等部諸經的說法。方等部諸經包含經典不少。所謂方等部就是方方面面，平等而談，所以它有包含廣泛、均被衆機的意思。弟子衆聽了小乘的說教，往往把它看做是無上的真理，就滯在已獲得的成就上，不求進步，佛爲打破這種法執起見，纔說方等部諸經，目的是爲了使弟子們由小乘而入於大乘法門。所以佛及菩薩彈偏斥小，歎大褒圓的說法方式來接引小乘弟子深造，使之恥小慕大。這在佛法中稱爲「彈訶之教」，如《維摩經》，《思益經》，就是這類經典的代表。

第四階段是般若部諸經的說法。經過方等時的彈訶，小乘衆生已知大乘佛法的微妙，但因法見難除，偏空之習深固，故仍舊不肯迴小向大。因此，佛再善施般若理水，融通諸法，以打破小乘的固執迷妄及顯示純粹大乘的教義。這類經典的代表有《摩訶般若》、《道行般若》、《金剛般若》等數百卷的般若經。

第五階段是《法華經》與《涅槃經》的說法，在般若部的說法裏，純粹的大乘固已開始，但機與教尚未完全合一。到了法華會上，弟子的根機成熟，智慧已開，能夠聽受真實法門，所以機與教方與純一大乘相互契合。

於是世尊暢演出世本懷，開方便之權教無非真實，融合三乘教歸入一乘佛法，使當機開示悟入佛之知見，授記作佛，收一代教化的始終。所以，稱爲圓滿之教。《涅槃經》的講述，雖然在《法華》之後，因爲涅槃會上把小乘到法華的各種法門重新加以反覆說明，其歸著點仍與法華相同。因此，涅槃會上佛將小乘到法華的法門一併加以追說，所以稱爲「追說四教」；然後再加打破以歸於法華的一乘，所以又稱爲「追泯四教」。

依化儀的四教來分析五時中的不同情況，那麼，華嚴時即屬於頓教，阿含是漸初、方等是漸中、般若是漸後、法華涅槃是非頓非漸。

《涅槃經》把五時的說教用牛乳的五味加以譬喻，譬如從牛出乳（從佛出十二部經），從乳出酪（從十二部經出前九部修多羅），從酪出生酥（從九部出方等諸經），從生酥出熟酥（從方等部出摩訶般若），從熟酥出醍醐（從摩訶般若出法華），醍醐最上（見〈聖行品〉）。

《華嚴經》以三照來譬喻佛的說法，說：「日出先照大山（喻華嚴時），次照幽谷（喻阿含時），後普照無私（喻方等至法華時）。」（見〈如來出現品〉）一般把普照看做是平地上面的事情，所以大山、幽谷、平地合成三照。而智者大師則更將平地的普照以時間分為三段，早晨（喻方等時）、晨午之間（禺中，喻般若時）與正午（喻法華時），與大山、幽谷共合成五照與五時的說法相互配合。

《法華經》又以長者與窮子的譬喻來說明五時說法的順序，以闡述人離佛性的各層狀態和長者（即富豪）之子自幼捨父遠去而過著乞討生活（無明大夢）一樣，後來偶然向其父乞食，其父喜出望外，正想迎歸家中，窮子反驚逃而去，父急遣使傍人去追趕，窮子一見更加驚駭，反而驚極仆地，這可借喻華嚴的說法。於是長者不得已另設方法，派形容枯槁的賤者二人向其子蜜語相誘，勸其子擔任除糞的賤職，窮子大喜承諾，這可借喻阿含小乘的說法。其後，長者漸與接近，誤解消除，於是相互信任，這可借喻方等的說法。後把一切財產付託窮子，窮子雖領回財產，但不知道即是自己之物，這可借喻般若的說法。最後，長者纔對窮子說明自己就是他的父親，所管的財產都是窮子自己的，這可借喻法華涅槃的說法。這樣，智者大師把傍迫、二誘、體信、領知、付業五者來與五時相配，形成絕妙的譬喻。

《涅槃經》又以「半字（初級教育）與滿字（高級教育）」來譬喻五時的說法。三藏教正化二乘，傍化菩薩，以極淺近的法門來漸誘初學，故知是「半字」。通教正化菩薩，傍化二乘，是大乘的初門，又能通至別圓，故如「半而含滿」（猶如初中）。別教須用藏通方便，是「滿而帶半」（猶如高中）。唯有圓教始終皆以佛知佛見而爲修行，是「滿字」法門（猶如大學）。半字、滿字的喻意，是就教育的內容而言，而會合於五時的次序，也是很明顯的。

附：對古人判攝五時及各家判教的意見

劉宋以後的佛典翻譯漸漸增多，人們急於對一切經論做全面的歸納判攝。但往往因爲認識不夠，錯誤較多，所以，智者大師、章安尊者、蕅益大師等，都曾對其做過批判，使學者不致受其不良影響。

智者大師以前的專家學者們經過一定時間的探討，最後都歸之於七階五時的判攝，以人乘，天乘爲二個階段，屬於第一時。以聲聞、緣覺爲二個階段，三乘別教爲第二時，以般若、維摩、思益爲第三時，法華爲第四時，涅槃爲第五時。分別以般若、法華、涅槃爲三個階段，共組成五時七階的分判。

他們認定第二時佛在十二年中説三乘教，如果這樣，若過了十二年後有弟子們宜於聽聞四諦、十二因緣、六度，佛難道能不對他們講説嗎？如果佛爲他們宣講，那麼三乘就不止在十二年中講説了。如果佛過了十二年後不再説，那麼有一類後來的弟子宜於聽聞三乘法的，佛怎能不去宣揚教化呢？所以佛的度生大慈，是不受時間限制的。

佛經中曾經論述這個問題，佛爲聲聞弟子説四諦及其六度法門。不止在十二年中，因爲在佛的一代教化中，隨聽衆的需要，佛即爲他們講説。譬如《四阿含經》、五部律，是佛對聲聞説的法。從鹿苑教化開始一直到涅槃會上聖人將滅的時候，佛就没有停止過講説，所以説小乘僅在十二年中講説：是絕對錯誤的。

他們還因爲不知有方等時，認爲十二年前爲有相教，十二年後爲無相教，所以認爲佛在第三時説三十年的空宗般若法門，並把《維摩》、《思益》等經都攝在這三十年中，但這樣的判攝没有經典爲依據，同時與事實也不符合。

還可以用下列來證明，《大智度論》是龍樹菩薩釋《大品般若》的釋論，其中提到，須菩提在法華會上聽世尊説，若人於佛所，作小功德，乃至戲笑。一稱南無佛，以及舉手低頭。必於當來劫中，皆得作佛。《大品般若經》中的〈阿毗跋致品〉裏，又有退轉與不退轉的二種意義，又言聲聞人皆當作佛。這樣，《大品般若》的畢竟成佛不退轉義與《法華》的必定不退轉義，完全相一致。由此可見，《大品般若》與《法華》的教法，前後就不能局限在某時了，般若的說教可以在法華後，也可在法華前，怎能說般若局限在三十年？

因為現在臺宗衰落，對這一類的問題研究不多，由於沒有深入瞭解五時判攝的真義，往往以訛傳訛地說甚麼「阿含十二方等八，二十二年般若談，法華涅槃共八年，華嚴最初三七日」的妄說，把通別五時的圓融無礙的聖教，反成處處障礙，所以為害很大，研究臺宗者，不可不注意。

至於三論、法相、華嚴各宗的判教，雖有詳略不同，但皆大同小異。如三論宗立三輪，即一、根本法輪，謂一乘教。言佛初成道時，在華嚴會上，純為菩薩開一因一果法門，此即是根本法輪。二、枝末法輪，謂三乘教，因為薄福鈍根一類眾生，不能夠聽聞一因一果法門，所以佛將一乘法，分別演說為三乘，即是枝末之教。三、攝末歸本法輪，謂三乘歸於一乘。佛因為四十餘年說三乘教，陶煉眾生，至法華會上，纔融會三乘「歸於一乘妙道，即是攝末歸本之教」。這與天臺五時之説全同。法相宗立三時教，一是「有教」，與阿含時相通，二是「空教」與般若時相通，三是「中道教」，與「華嚴」、「法華」二時略通，但義有圓不圓的差別（天臺宗開權顯實，會三歸一的圓中義，是法相宗所未及的），但法相略去華嚴與方等二時，而簡攝入於三時教中。華嚴宗立五教，謂小教（相當於阿含）、始教（空始教，相當於般若時；相始教相當於方等時部分）、終教（相當於方等教中部分義）、頓教（禪宗頓悟成佛義，臺宗不明顯立此）、圓教（相當於華嚴與法華二時）。由上可知各宗判教、各約本宗而有詳略，因此不必强同，而亦可互取其長，以求融通。

第六章　五時的通別論

智者大師在《法華玄義》中說：「夫五味半滿，論別，別有齊限；論通，通於前後。」別五時是有一定的次序先後，而通五時則初後互通。

根據經典引證別五時的次序如下。《華嚴經》開頭說：「於菩提道，初成正覺。」可見華嚴法會是在佛初成道之時召開的。《法華・信解品》中說：「脫珍著敝。」所以阿含時爲華嚴之後。《大集經》中說：「如來成道始十六年。」所以方等在鹿苑之後。《仁王般若經》中說：「如來成道二十九年，已爲我說摩訶般若。」所以般若在方等之後。《法華經》爲四十多年後說。《涅槃經》在臨滅度時。每一階段，都有次序，所以說別有齊限。通五時中，每一時都通前後，不能在確定的時間或典籍中去尋找，因爲機感不同，佛爲其說法也不同，所以不可以拘定於五時之中。以下分別論通五時和別五時。

一、通五時

有一類界外的大乘菩薩，就在凡聖同居土中，見蓮花藏世界海，盧舍那（報身佛）身處於花臺，對千百億釋迦牟尼佛，說心地法門。因此，雖在同居土，所見的報身佛和報土都是常住不滅的。因爲常住不滅，佛即常在說法，所以華嚴法會可通至後際。就是《華嚴經》中的三十九品，〈入法界品〉，也絕對不在三七日中說。

又有一類根性下劣的衆生，從鹿苑聞小乘法開始，一直到佛滅度的時候，始終祇聽到《阿含》的小乘經藏，如《遺教經》所說的小乘法和毗尼的小乘律藏以及阿毗曇的小乘論藏，那麼三藏通於後，也是很明顯的。

還有一類由小乘轉向大乘的衆生，適宜於聽聞彈斥褒歎，而生恥小慕大之情的，佛即對他們說彈訶的方等法門，所以不一定在十二年之後，僅八年中說，祇要已證小果的，即可以彈斥。並且，方等《陀羅尼經》的說法時間，在《法華經》的後面，那麼方等也是通於前後的了。

又有一類利根的三乘，必須遍歷色法、心法以及世出世法，一一會歸於般若波羅蜜多，佛即對他們說般若法門，所以說從佛初得道時直至涅槃。在這中間，常說般若，因此般若也通於前後是很明顯了。

若有根熟的衆生，佛即對他們開方便之權門，顯真實之妙理。若能於此悟入，佛便爲他們授記作佛。又佛知衆生機熟，開淺近的化迹，示久遠的本德，增道損生，位鄰大覺，決不會留在四十年後開顯的，但因佛以神力，使根未熟的衆生聽不到無上妙法，在八教中可屬於祕密教攝，所以智者大師說：「法華約顯露邊，不見在前，祕密邊論，理無障礙。」又《法華經》說：「我昔（指方等法會中）從佛聞如是法，見諸菩薩授記作佛。」這裏的「如是法」，即是開權顯實的妙法。又，《梵網經》中說：「吾今來此世界，八千返坐金剛華光王座。」也同樣是開迹顯本的說教，可見法華時亦是通於前後的。

還有一類衆生，適宜於見到如來涅槃，纔得解脫的，佛即示現入涅槃相，所以八相之中各具八相，一一不可思議，因爲佛的智慧妙用不可思議，隨時可鑑照衆生的機宜而示現或生或滅，可見涅槃也不一定在鶴林的雙樹間，而是隨時可以示現的。

二、別五時

別五時係針對根機最鈍的聲聞而言，因爲最鈍的聲聞衆必須經過五時的調停陶鑄，纔能得入實相一乘佛法。

華嚴的前八會中是沒有聲聞衆的，所以雖然佛常說頓教法門，他們有眼不見盧舍那身，有耳不聞圓頓教義，因此，在華嚴會中鈍根聲聞是完全沒有得益的，如生的牛乳一樣。

到了鹿苑的阿含會中，他們聽到因緣的生滅法，纔轉凡成聖，得證小乘的果位，譬如從乳轉成酪一樣。

既得小果，以爲已是究竟，於是保果不前。他們聽到彈偏斥小，歎大褒圓的說教，生起了恥小慕大的心理，自悲不能發大心度衆生；於大乘根，已如敗種。雖對藏、通、別、圓的四教都有聽到，但得益的卻在於通教，所以譬如轉酪而成於生酥。

雖已仰慕大乘，但情執未捨，不肯迴小向大，佛於是以般若理水，掃蕩他們的情執，佛又以般若法門讓他們轉教菩薩，使能領知一切佛法的寶藏。雖在這時帶有通別二教，說法的正旨在於圓教，但得益的卻在於別教，好像轉生酥成爲熟酥。最後聽到法華開權顯實的法門，纔得到圓教的實益，授記作佛，如來的度生本懷，也由此而究竟演暢了，所謂一化周窮，五時終卒，譬如轉熟酥而成醍醐妙味。

但以上的時教，也不限定某年某月某時，隨衆生應聞何法，即能聽到佛的說法。因爲如來說法，神力自在，智慧普照，一音說法，能應衆機，是不可思議的。又有根性稍利的，不必一定要經歷五時，有的經歷四番、三番、二番的陶鑄調停，便可得入實乘，如果在阿含、方等、般若時中，隨一法而得悟入實乘的人，即是祕密、不定的二種化儀所攝了。

還有一類衆生根性未熟，不能勝任法華的一乘妙法，所以如法會上的五千退席，或者佛以神力移置他方。這些衆生祇得再等待涅槃會上做最後的捃拾，或等待佛滅以後的他佛降生纔得解脫，成無上道。因爲佛應機說法及衆生根性的無量差別，也不能一定如上所述，佛是任運度生的，根據實際情況不同而設種種方便之教。

這別五時又可據佛對機教化之意，分爲五義：

一、擬宜時，即佛向鈍根之機，擬說佛自證法，以試是否適合。
二、誘引時，佛爲誘引小機使之漸漸入道。
三、彈訶時，彈偏斥小，歎大褒圓，使小乘得果人，恥小慕大，迴心大乘。
四、淘汰時，佛以空慧理水淘汰小乘之法執。
五、開會時，開權顯實，會三歸一。涅槃是扶戒律、談真常，既爲捃拾殘機，又爲末法時代，開示法要，使遠離佛世的衆生，進趣有道。

第七章　迷惑總論

天臺宗把一切迷惑歸納爲三種，一見思、二塵沙、三無明。見思是涅槃之障，塵沙是菩提之障，無明是中道實相之障。衆生所以受生死的流轉，是因爲有這三種的迷惑。無明是一切迷惑的根本，是無始以來即迷於自性的，見思和塵沙是枝末無明，是無明體上所幻起的煩惱麤相與細相。

見思惑的障蔽，使衆生沈淪於三界有漏的分段生死中，不能證出世的真諦涅槃。塵沙惑的障蔽，使三界外的菩薩障於化導，不能廣度衆生，也即不能證於俗諦妙用。無明的障蔽，使大心菩薩不能脫於二邊執著，仍落變易微細的生死中，也不能證於中道實相的究竟妙理，也即不能成無上佛果。

見思是麤惑，由執五蘊身心爲實我所產生。塵沙和無明二惑是細惑和微細惑，由執法爲實有所產生，雖有麤細深淺，同屬迷於實相覺性而生。衆生由這三惑的障蔽，無始以來受漂泊他鄉的痛苦，現在聽到佛法而去修行，關鍵也在於破除這三種迷惑。因此，臺宗對這三惑是十分重視的，其他一切法門雖有說法的不同，但歸著點也在於如何觀破這三惑。所以學修臺宗對此應該有明確的認識，否則，終日修行，不知爲何而修？爲治何種障惑而修？究竟自己的得益受用有多大？這些問題都須首先明確三惑，纔能有真正的入處。

另一方面，爲了下面解說四教次第起見，在這裏引入迷惑總論，以助於學者們更好地明白以下破惑證真的過程，這是十分必要的。

以下分別論述見思、塵沙、無明的三惑次第深淺及諸微細差別。

一、見思惑

見思是三界的通惑，有時稱爲見愛、見修、染污無智、枝末無明、取相惑、四住煩惱等，名稱雖有不同，都是概括三界內的煩惱的通稱。

分別是見，憎愛是思。一切的妄見都由邪分別計度道理而生起，如我見、邊見等的妄惑；一切的迷情由思慮世間事物而生起，如貪、瞋、癡等的妄惑，從所迷的角度來看，見惑稱爲理惑，思惑稱爲事惑。因爲見惑是迷於無常無我等真諦的道理而起的常見我見等的邪想，思惑是迷於世間色聲等事物而起的貪欲瞋恚等的妄情。所以一是理上的迷惑，一是事上的迷惑，是不相同的。

但這以迷理迷事來分析見惑與思惑的，是依據小乘俱舍的法相劃分的。如果按照大乘唯識的法相來分析，那麼就以分別我執爲見惑，以俱生我執爲思惑。因爲分別我執能起煩惱和所知的二障成爲見惑，俱生我執能起煩惱和所知的二障成爲思惑，這裏的「見」有二義：㈠、因爲是照見真理時所斷的惑。所以稱爲見惑，又稱爲見所斷惑。㈡、見爲推度的意思，此惑以推度分別爲性，所以稱爲見惑。這裏的思也有二種意義：㈠、在一旦見真理而斷見惑的基礎上更進一步思惟修習真理，以斷此惑，所以稱爲思惑，又稱爲思所斷惑。㈡、因爲是思惟世間幻妄的事物而起的迷惑，所以稱爲思惑。這二種的迷惑，是三界生死的正因，斷了這二種迷惑，始免三界生死的流轉。

這二種的迷惑的斷除是次第的，先斷見惑，次斷思惑。見惑的性質比較銳利，所以古人有「斷見如破石」的說法，但也很乾脆，能在見四諦理時，一時斷盡。

思惑的性質比較暗鈍，所以古人有「思斷如藕絲」的說法，次第層次比較多，所以要在經常思惟修習而漸漸斷除，斷見惑時，稱爲見道位，即小乘的初果入流。斷思惑時的位次，稱爲修道位，即小乘的二果至三果。斷盡了二惑的道果，稱爲無學道。

見惑有八十八使，思惑有八十一品，玆分別論述如下：

㈠、見惑的八十八使

小乘的《俱舍論》立八十八使，大乘《唯識論》立一百十二使，一般都以小乘的八十八使來說明。

三界的一切煩惱中的貪、瞋、癡、慢、疑，身見、邊見、邪見、見取見、戒禁取見的十惑，叫做本惑，由本惑生起的麤煩惱都叫做隨惑或隨煩惱。從小乘方面說，貪、瞋、癡、慢的四惑，是通於見道與修道的二位所共斷，疑與五見唯屬於見道位所斷。通於見修二道所斷的十種惑，就迷於苦、集、滅、道四諦之理的差別，而分爲八十八使。在大乘方面說，貪、瞋、癡、慢與身見、邊見的六惑，是通於見道與修道二位所共斷，其餘四惑屬見道位所斷。由於迷於四諦真理的不同而分爲三類。在欲界方面分爲三十二使，在色界方面分爲二十八使，在無色界方面也分爲二十八使，這三界三類的相加就成爲八十八使。

先論欲界的三十二使，首先由於不明瞭苦諦之理，而生起十種迷惑。

一、身見，以五蘊假法和合的苦報之果迷執爲常一的我見。

二、邊見，以爲此我之體死後常住，或以爲死後斷絕，各執一邊稱爲邊見。

三、邪見，在現存的身體上，對於過去的業因和果報撥無道理，即不承認因果的法則，所以是邪非之見。

四、見取見，迷執前三見以爲正見。也即認定自己的妄見以爲正確。

五、戒禁取見，迷執現在的苦身，作種種邪戒苦行，以爲此身受苦，是生於人天樂處之因。

六、貪，認爲前五見是正確的見解而不捨棄。

七、瞋，認爲前五見是不正確的見解而生矛盾。

八、癡，不瞭解前五見之理純屬錯誤。

九、慢，認爲前五見是正確的而生驕慢心。

十、疑，懷疑苦諦之理的正確性。

以上五見與疑是直接迷惑了真諦理所引起的，所以稱爲「親迷之惑」。其他的貪、瞋、癡、慢，是依著五見而生起的，所以稱爲「疏迷之惑」，這親疏的十惑是迷於欲界的苦諦真理而引起的煩惱，因此在入於見道位所見苦諦真理時，便一時斷盡。

在欲界中，如果迷了集諦理，便能引起七種迷惑，即前的十惑中除身見、邊見、戒禁取見的三見。集諦是關於業因的真諦，因爲在業因上是不會執爲我體的，所以沒有身見，沒有身見就沒有邊見，或戒禁取見。戒禁取見是屬於外道的謬見，即以非人天之因而認爲是人天之因的錯誤觀念與苦行法，雖然也有迷於集諦之理而生起的可能，但事實上，外道修種種戒的時候，都迷執在現在的身體上，自以爲他們的苦行的身體是招致來生人天的樂因。所以把他們歸入於苦諦，而不屬於集諦。這七惑中的第一邪見，是不認識「惑」爲生死之因的道理。第二見取見，是迷執邪見以爲正見。第三疑是懷疑集諦的道理。其他貪、瞋、癡、慢的四惑是迷於以上的三惑而生起，同苦諦所說一樣。於見道時見於集諦之理，便無此惑。

在欲界中如果迷了滅諦的真理，就會引生和迷集諦相同的七惑，祇是所迷的對象不同而已，滅諦即指涅槃寂靜之理，如撥無涅槃可證，即是邪見，以此邪見爲正見，即是見取見。懷疑涅槃没有決定可信的理由，即是疑心。以這三惑爲緣而生起貪、瞋、癡、慢的四惑，共成七種惑。

在欲界中如果迷了道諦真理，就會引生八種迷惑，即在以上的七惑中再加一戒禁取；有一類外道，修無想定後，以爲已進入涅槃的正道，於是執著此定，以爲即能得道，不知五百大劫後仍受輪迴。這是由於迷了道諦的真理而生起非道計道的戒禁取見。其他七惑與集諦的七惑相同，以上已綜合了欲界的三十二惑。

欲界
- 苦諦下——十惑——身、邊、邪、取、戒、貪、瞋、癡、慢、疑。
- 集諦下——七惑——邪、取、貪、瞋、癡、慢、疑。
- 滅諦下——七惑——邪、取、貪、瞋、癡、慢、疑。
- 道諦下——八惑——邪、取、戒、貪、瞋、癡、慢、疑。

色界與無色界各有二十八種惑，在欲界的四諦下各除一個瞋恚惑即成色無色界的二十八惑，因爲以上二界是禪定地，不同於欲界的散亂地，所以不再起瞋恚的麤動煩惱。

最後說明一下大乘的百十二惑，大乘唯識認爲欲界四諦以下各有貪等十惑，色無色界在四諦以下各除一個貪恚惑，成爲九惑，共合成七十二惑，加上欲界的四十惑，總爲百十二惑；《唯識述記》第九卷末章說：「見所斷欲界四十，上界各三十六。」

㈡、八十一品思惑

如上所言，見惑是頓斷的，思惑是漸次斷除的，因爲聲聞根鈍必須漸斷，大乘菩薩則有漸斷頓斷的不同。

《俱舍論》說明三界的思惑也爲三類：一、欲界有貪、瞋、癡、慢的四惑，二、色界有貪、癡、慢的三惑，三、無色界也有貪、癡、慢的三惑，合成十惑。

《唯識論》認爲有十六惑，在欲界有貪、瞋、癡、慢、身見、邊見的六惑，以上二界各除瞋恚而乘五惑，合成十六惑。

八十一品是根據三界九地來分析的，九地即五趣雜居地（欲界）、初禪離生歡喜地、二禪定生喜歡地、三禪離喜妙樂地、四禪捨念清淨地（色界四地）、空無邊處地、識無邊處地、無所有處地、非想非非想處地（無色界四地）。每一地中的煩惱都分爲九品，如小乘十惑中欲界惑的貪、瞋、癡、慢，分爲上上品、上中品、上下品、中上品、中中品、中下品、下上品、下中品、下下品、加上色無色界的八界的八地各九品，共成八十一品的思惑。

第八章　論化儀四教

頓、漸、祕密、不定的化儀四教，就它們的內容從屬上說，各有自己的部類；就它們的言語表達上說，也各有自己義理相通的教相。依於部類和教相，成立了除祕密外的頓、漸、不定的三種觀法，無論是從內容從屬上與語言的教相上，或者在作觀的修持上，都是攝在化儀四教中，並縱橫於化法四教，而形成交叉與融通的義理和觀法，通達這些複雜交叉的一切關係。即可明瞭三藏十二部一切經、論、律義的歸趣，更不至於在佛的言語中產生自相矛盾的意見，臺宗對佛教的偉大貢獻，由此可見一斑。

一、頓教

㈠、頓教的部類

世尊初成道時，對大根性人所說的頓法，唯局限在華嚴時中，從廣義方面說，凡如來一代言教中直說界外大法，不與二乘相通的，如《梵網經》、《圓覺經》等，均宜收入頓教部類中。這種情況稱爲以別五時來定通五時，又稱攝通五時的同類義理歸入於別五時中。

㈡、頓教的教相

頓教的教相，是頓速直截的說法，如許多經中所談到的，「初發心時，便成正覺」，以及「全性起修，全修在性，性修不二而二，二而不二」的論旨，都是說明自性頓具諸法，衆生與佛體無差別。衆生由自性本具的功能，可以頓悟頓證的，這類義理因爲在方等、般若諸經中都有論述，所以頓教的教相，攝受的範圍則不侷限在華嚴時，凡三藏十二部經中關於這方面的義理，同屬於頓教法中。

二、漸教

㈠、漸教的部類

從狹義上分判，唯阿含時的經論為漸初，從廣義上說，凡佛一代時教中所說的生滅四諦、十二因緣、事六度等，都同屬於漸教的初始——「漸初」。又方等的經論為狹義上的「漸中」，凡一代時教中所說彈偏斥小，歎大褒圓的經論言句，以及其餘四時所不攝的，都可收入廣義的漸教中段。同樣般若時的經論為狹義的「漸後」，凡一代時教中所說共不共諸般若教，都可收入廣義的漸教最後階段。

㈡、漸教的教相

漸教的教相，是漸次從初級、中級，最後進入高級的。經論中關於如何經歷多劫的修行，如何斷惑證位的次第等，都攝在漸教相中，《華嚴經》的頓中也有這一類的說教，唯有法華會漸歸頓，開權顯實，所以不屬漸次。因爲不同於《華嚴》的初說，和不攝二乘的頓大之頓，而是圓攝諸法的，所以是非頓；又不同於阿含、方等般若三時的隔歷未融，所以又屬非漸，然而又能雙照頓漸二教相。因法華開前的頓漸，同歸圓頓之頓。

三、祕密教

㈠、祕密教的部類

在法華前的四時中，因爲如來妙用自在，隨機說法不可思議，所以爲此人說頓法，爲彼人說漸法，彼此之間相互不知道，但都各自獲得利益，所以均有祕密教的存在。

法華是「正直捨方便，但說無上法」，所以是顯說，不屬祕密。

㈡、祕密咒

在五時中所說的陀羅尼門，都屬於祕密教中。「陀羅尼」是印度梵文的音譯，義譯即咒字，或譯作真言，意思是總一切法，持無量義，又稱爲遮止，惡無不遮，善無不持。專以咒、印、觀想而爲修法的，即是密乘，如藏密、東密、臺密及有相與無相密等，亦是修行的一大行門。

四、不定教

㈠、不定教的部類

在法華前的四時中，或爲彼人說頓法，爲此人說漸法，彼此之間相互知道，並各別得到利益。如適宜於聞漸法的，如來即令他們聞聽漸法，適宜於聞頓法的，即令聽聞頓法，均能契機善攝，妙用不可思議。

法華是決定說大乘妙法，更無異聞，所以不屬於不定教相。

㈡、不定教的利益

有的弟子聞如來説頓教法門，得到的卻是漸教的利益；有的弟子聞漸教法門，反而得到頓教的利益；這種是以頓漸互爲助緣，而得不定的利益。即漸可以助頓教根機人的開發，頓也有助於漸教人的開發，互爲條件，而得成就。

在法華會上，隨聞一句義、一首偈，皆得受記作佛，是決定能成就一乘法門的，所以不屬於不定益。

以上頓教部中同時具有別圓二種化法，因爲華嚴部中正明圓教，兼談別教，菩薩乘以下的其他法門一概不談，所以僅用二種化法。漸教部具足四種化法：漸初的阿含僅用三藏教；漸中的方等四教並談；漸後的般若兼帶通別，正明圓教，用了三教。顯露不定既遍於前四時，也還用四種化法。祕密不定也遍前四時，也還用四種化法。

頓教的教相，從狹義上唯侷限於圓頓的妙法，從廣義上則漸次三教中也有頓修頓證的三乘行者。漸教的教相，從狹義上看，唯侷限在藏、通、別的三教，從廣義上看，圓教也有漸次的內容，如圓教六即佛中的觀行即、相似即、分證即、究竟即等，也是漸次進修的，正如利刀截紙，一截即能千張，但層數卻依舊歷然，僅是因爲速度極快罷了。

祕密教互不相知，連聖者阿難尚且不能領受，所以無可傳承，祕密咒在四悉檀的善巧方面說，是有直接傳承的各系統，現在流行世界各地的密乘均依其傳承而弘揚。不定教和不定益，並入前四時中，所以没有另外的部類可以標示，祇是隨四時的教義及不同根性的不同利益來確定罷了。

在化儀的四教中，智者大師又立了三種觀法，即頓觀、漸觀、不定觀。因爲祕密教既然没有言教可傳，所以也無法立觀，縱使勉强立祕密觀，也祇在前三觀內各自獲得祕密的利益，並不能超出前三觀以外。

這裏的三觀，名稱與三教相同，但它們的宗旨卻大不相同，三觀是完全站在圓中的立場來演述，而三教則並不完全屬於圓教法門。因爲頓教指以《華嚴經》爲主的經論，在內容上兼有別教的義理，頓觀卻完全屬於圓頓根性人所修。在名字即佛的初心時，圓解大開，便觀芥爾一念妄心，頓具三千性相，百界千如，即空、即假、即中的諸法實相，便能與諸佛究竟證得的三德祕藏相應一致。如《摩訶止觀》中所論述的即是這圓頓的觀法。漸教是指以阿含、方等、般若爲主的同類經論，在內容上兼有藏、通、別、圓的四教義理，但藏、通、別的三權教與圓的實教，未經法華會漸歸頓，開權顯實的開顯過程，所以權實仍然是隔礙未融。這裏的漸觀唯侷限於圓根的衆生，因爲没有圓解後當下頓證的宿因，雖然已經圓解實相，但仍須漸次從三歸五戒爲基礎，再進修世間有漏禪定，然後修出世的無漏禪，最後證入圓頓妙門。在智者大師所論的《釋禪波羅蜜》法門中，對這種次第有詳細明瞭的説明。不定教指法華前的四時，在内容上也兼有四教的義理，仍未會入法華一乘，這裏的不定觀也唯侷限於圓根的衆生，首先對實相的圓教義理有明確的理解，然後隨自己的根性學修一種法門，譬如在修圓頓止觀時，忽然變成了漸次的境界；在修漸觀時，忽然變成頓證的境界，深淺、位次都不一定，隨宿因的不同，而成頓漸的悟證。在智者大師所述的《六妙門》中對這有詳細的説明。

一般人總認爲圓教的法門是一切皆圓的，而不應該再設立漸觀與不定觀，但是他們卻不知道圓教根性也不僅僅屬於最頓速的一種，實際也有三種根性的。即圓教的圓頓根爲上根，圓教的圓漸根爲中根，圓教的不定根爲下根，因爲圓根人也有這三根的不同，所以若單説頓觀，攝受的根機就會不全面，也就不能成爲真正圓攝一切的法門了。

所謂的圓根人，是他們對大乘實相法具有深入的悟解和淨信，雖然行持還未具足，但首先要開圓解，如果圓解未開，在一乘教中是無法起真修的。因爲未開圓解的人，不明真性，執見較重，慧眼不開，所以在半途中的邪行險徑不用說，即使永遠沒有錯誤，和已開圓解人比較起來，也難免日劫相倍（即未開圓解的修一劫，不如開圓解的修一日的功德大）。由此可見，在一切佛法中，最重要的莫過於開圓解、明心地了。尤其是臺宗，如果未開圓解即無法入手做觀行工夫，必須在圓解的基礎上纔能真正起三觀正修，否則都屬門外徘徊。

第九章　性相三千與百界千如

性相三千與百界千如是臺宗中十分重要的法相，其中作爲法華正體、臺宗宗首的十界十如，具有無量的意義，包羅著世間出世間的一切諸法，那深廣無邊的性相三千、百界千如，就是依此而推演的，而最後的歸著點，仍在於一念心中。一念之心能理具三千諸法，更能事造三千諸法，因此，一念之心的轉化是根本的轉化，故臺宗修觀的下手處，即觀一念之心的三千性相，即假、即空、即中，圓融無礙。所以，如果不明瞭性相三千、百界千如的意義，即不能入圓頓止觀，也不能正確地分判臺宗法相，所以在學習化法四教以前，先瞭解性相三千、百界千如的道理，在學習過程中，就更易於理解其中的意義，更易於融通臺宗教觀的流佈規律。

一、三千性相與百界千如的大意

《摩訶止觀》卷五上說：

夫一心具十法界，於十法界成百法界，一界具三十種世間，百法界即具三千種世間。此三千在一念心。若無心而已，芥爾有心，即具三千。

這一念所具的三千世間，是由地獄、餓鬼、畜生、阿修羅、人、天、聲聞、緣覺、菩薩、佛的十種境界爲十法界，根據法法圓融的妙理和因中有果、果中有因的圓攝互具的意義，這十界又相互具足十界，即地獄的衆生界內，同時具有餓鬼以至佛界，每一界同時具有其他九界，便形成了百界；百界中每一界又各具有性、相、體、力、作、因、緣、果、報、本末究竟的十如之義，百界與十如相乘，形成了千如，這千如各有衆生世間、國土世間、五蘊世間的多種世間差別，相乘而成三千世間，這三千世間由自性理體本具，稱爲性具三千，又能由具而隨緣發生萬法的差別體系，稱爲事造三千。理具的性三千與事造的相三千，合稱爲性相三千。性相三千是從理具事造上立論，百界千如是從迷悟差別上立論。前者是簡略地說明，後者是較詳明的論述，內容上大致相同。

智者大師在《法華玄義》卷二中說：

> 廣明佛法者，佛豈有別法？祇百界千如。如是佛境界，唯佛與佛究竟斯理。

百界千如的義理，是智者大師所發揮的，他根據《法華》的十如及諸大乘經論，總結出佛所說的一切法，以百界千如而概括窮盡，離此以外，別無他法，因此，以性相三千，百界千如作爲深入止觀的觀境，是悟證實相妙心的必然過程，所以對一念三千的義理，是應深入研究的。

二、十如總論

十如即十如是的略稱。《法華經・方便品》中說：

佛所成就第一希有難解之法，唯佛與佛，乃能窮盡諸法實相，所謂諸法如是相、如是性、如是體、如是力、如是作、如是因、如是緣、如是果、如是果報、如是本末究竟等。

這性相等十義，即是諸法實相。現分別解釋如下：

㈠、如是相

相即相貌。以某種形式表現出來，並有某種功能可以分別瞭解，即十法界表面所現的形相，如六凡的麤細與四聖的妙相。因此，從地獄界至佛界，其形相亦各有不同，究其原因，乃由自心所動不同，如六凡妄動則生染濁境，四聖起淨用則生微妙莊嚴之淨境，因有識與智的區別，故所顯的相貌亦不一致。《法華玄義》中說：

相以據外，覽而可別名爲相，如水火相異，則易可知，十界相望，善惡可知，如人面色，具諸休（善）否（惡），心亦如是，具一切相。

㈡、如是性

性即性分。存在於萬物之內而能攝持自性不生改變，即通俗所稱的「本性」。任何事物都有自己的「性分」，凡聖也同樣有各別的性分。十界裏面所具的性分，叫做十界的自性，是法爾各別的。又因性含於內，如遇不同的緣，即發生不同的表現。從現在的觀點說，人類有人格與個性即屬此類；動物與植物、礦物等，也各有自己的性分，都可攝在性的涵義中。《楞嚴經》中，佛言一切草木縷褐皆有自性，即是此意。《法華玄義》中說：

性以據內，自分不改名爲性。性有三義：一、不改名性，《無行經》稱不動性，性即不改義。又，二、性名性分，種類之義。分分不同，各各不可改。又，三、性是實性，實性即理性，極實無過，即佛性異名。今明內性不可改，如竹木有火性，雖不可見，不得言無。心亦如是，具一切五陰性。

㈢、如是體

體即主質、實質義。具有一定的實質，並可依這實質而起思惟作用，即具足前相性二者的體質，一般通指色心具足的身體而言，因十界所具的色身是各異的，故聖人所證的常寂光實相妙體，即不同一般的色身，而是以萬法為體，故名法身常住。《法華玄義》中說：

> 主質故名體，如釵、鐺、環、釧（婦女飾物）之殊，終以銀為體質。十法界五陰，俱用色心為體質。

㈣、如是力

能推動某一事物使之改變的內在作用，即稱為力，以現代言語說，即是力能。

物理上也有功能，但佛法重點是論述具有精神生命的功能，所以十法界各有不同的力用功能，可以起善、惡、淨的種種作用，而終究獲得各異的果報。因爲衆生習氣、根性、智慧等的差別，所以在修行中所生的功能也完全不同——凡夫有凡夫的功能，聖人亦有聖者的妙能。《法華玄義》中說：

功能爲力，如力士，千萬技能。心亦如是，具一切力。

㈤、如是作

作即構造義，即依力用而起的運動造作以及創成某事物的作用，通稱爲作。佛法論述衆生現在創造諸業的過程稱爲「作業」。十法界都有運動造作的潛力，如不去「作」，即不能招業果。因此，不論那一法界，以力的推動而造作成，即能招致一定的結果（但不一定有業報，四聖界是不落三界業累的），如雖作業而無可記別的，即成不定招果的無記業。《法華玄義》中說：

構造爲作，離心更無所作，故知心具一切作。

㈥、如是因

因即習因。能夠生起未來事物的種子，通稱爲因。十法界的業種不同，能夠成爲未來果報的直接原因，名爲親因。引用唯識的話講，即衆生在過去世造種種業，這些業便內熏成爲種子。現在外緣湊合時，便能生起現行，接著，現行又反過來內熏成種子，種子再起現行，永遠相繼，無窮無盡。不過聖者以權智而起的善惡種子，是性具的妙用，並不落於污染的。《法華玄義》中說：

> 習因爲因，招果爲因，亦名爲業。十法界業，起自於心，但使有心，諸業具足。

㈦、如是緣

緣即助因。能幫助種子起現行的即是緣。亦即外在的各種關係條件，能助成十法界衆生的親因（各種習業）而使招感果報。《法華玄義》中說：

助因爲緣。緣名緣由，助業皆是緣義，如水能潤種，無明、愛等潤於業。

(八)、如是果

果即習果。亦即造不同業（習因）而得的不同果實。如由善惡之三業因緣而成善惡之依正果境。《法華玄義》中說：

習果爲果。習因習續前，習果克獲於後。

(九)、如是報

報即報應之果。即由習因、習果所感的報應。如有了依正的果境，便在果上生起身心不同的感受，即窮通壽夭、苦樂悲憂等，也有的不受報應，如阿羅漢、辟支佛，不受後有，便無苦樂等感受。果是說明衆生所住的依正之境，報是身心受得的苦樂報應，這二者都由過去宿因而形成。《法華玄義》中說：

報果爲果，習因習果，通名爲因，牽後世報。

以上九如是説明事相界的具體內容，以下一如是説明這九如是的義理所歸一一之理性。

(十)、如是本末究竟等

以上九如是中初「相」爲本，後「報」爲末，所歸趣處爲究竟。即綜觀九相本末一貫的原理。如從地獄開始至佛果爲止，自本相至末報，究竟平等一如。譬如石蓮，烏皮在外（相），白肉在內（性），四微（色微、香微、味微、觸微）爲質（體），卷荷欲生（力），微細衆具（作），開花（因）布鬚（緣），能成子蓮（果），蓮房完成（報），初後不異，蓮花始終，即是當體即空，一齊平等義，所顯即是真諦妙理。如初後歷然，差別之現象仍舊存在，即是緣生的假法，便是俗諦妙理。如初後一一諸相，無非中道實相，圓具三諦，則是即空、即假、即中的諸法實相，是中道第一義諦。

《法華玄義》中説：

初相爲本，後報爲末，所歸趣處爲究竟等。本末悉從緣生，緣生故空，本末皆空，不空爲等也。又相但有字，報亦但有字，悉假施設，此就假名爲等。又本末互相表幟，覽初相表後報，睹後報知本相，初後相在，此就假論等。又相無相，無相而相，報亦如是，一一皆入如實之際，此就中論等也。

三、十界總論

(一)、佛法界　自覺覺他、覺行圓滿的境界。
(二)、菩薩法界　爲無上菩提、修六度萬行的境界。
(三)、緣覺法界　爲入涅槃而修十二因緣觀的境界。
(四)、聲聞法界　爲入涅槃、依佛的聲教而修四諦觀法的境界。
(五)、天法界　修上品十善，兼修禪定，生於天界，受靜妙之樂的境界。
(六)、人法界　修五戒及中品十善，受人中苦樂的境界。
(七)、阿修羅法界　行下品十善得神通力自在的非人境界。

(八)、鬼法界　犯下品五逆十惡，受饑渴苦的鬼神境界。
(九)、畜生法界　犯中品五逆十惡，受吞啖殺戮苦的畜生境界。
(十)、地獄法界　犯上品五逆十惡，受寒熱叫喚苦的最下境界。

以上的十法界，是依所感果報不同的界限分爲十種，所以稱爲十法界，這十法界的名相在佛經中沒有明顯說明，天臺智者大師依經論之意而建立，概括地收攝了一切有情界各種類的情形。又因爲這十種境界中，一一界的當體即是法界，所以叫做十法界，又因爲這十法界有各種的因，成各種的果，不相混濫，所以叫做十法界。

四、十如十界的法相

十如十界的法相從地獄的十如開始，然後漸次從畜生進至佛果的十如，其中的微細差別與深廣內容要全面論述，勢必佔用大量篇幅，因此，以下把十如十界的因與果提出來，作一簡單扼要的說明。

㈠、地獄的因與果

地獄以五逆十惡爲因，以相續生起不斷造作爲因地之相，到臨命終時，地獄相現；由業力所蔽覆的緣故，認爲是樂境，便生執著，一刹那間墮入地獄中，受鐵牀、銅柱、寒熱等的苦報，便成地獄之果。

㈡、畜生的因與果

畜生以愚癡不明事理爲因，以愚癡力相生不斷而成畜生的種子，到投育母胎，反以苦爲樂，終成披毛戴角的畜生之果報。

㈢、餓鬼的因與果

餓鬼以貪欲心爲因，由貪欲心相續不斷而成貪欲種子，由貪欲之因，墮在餓鬼果報中，千萬年中不聞漿水的名稱，饑渴之火常燒不斷，由貪欲種子故，雖在水邊，也不能飲。

㈣、修羅的因與果

修羅以疑爲因，因爲疑心相續不斷，而熏習成種，未來時中成男醜女美、苦樂相雜、相互疑惑鬥諍的果報。

㈤、人的因與果

由五戒的善因種子而成人間的善果。

㈥、天的因與果

由不斷地修習十善和禪定的業因而成種子，因而成天上的善果。

㈦、聲聞的因與果

以無漏種子爲因，從不斷地續生正智爲因中之相，由無漏種子的現行，畢竟證入無漏涅槃，得入阿羅漢果。

㈧、緣覺的因與果

以無漏種子爲因，以不斷地續生殊勝正智爲因中之相，由殊勝正智而得證無漏偏真，有餘涅槃的果報。

㈨、菩薩的因與果（分為三種）

1、三藏，以善業種子，生生不息爲因，以修道品次第等三十四心斷三界結使爲果。

2、通教菩薩，以無漏修習佛法爲因，以斷除一切殘餘習氣，得證通教佛果爲果。

3、別教菩薩，以真無漏慧相續生起爲因，以中觀成就，斷十二品無明，證入別教妙覺位，成別教的佛果。

㈩、佛的因與果

以智慧莊嚴，續生無窮爲因，以一念相應朗然大覺爲果。

對於四聖界的因果問題，在化法四教中將有更詳盡的論述，這裏祇是提一梗概，以便於初步對十如十界的瞭解。

五、結論

百界千如的提出，主要是詮示一境三諦等的十種深奧妙義。智者大師依據十如是，施以三種點讀的方法，借此闡明圓融三諦的義旨。所謂「依文讀文，凡有三轉」：

(一)、空諦點：是相如、是性如，乃至是報如，顯空諦之義。所以皆稱爲「如」，因「如」即不異義、真空義，即泯一切差別異相，由此顯示相、性、體、力等諸法皆「如」，一味平等，所以稱爲「空諦點」。

(二)、假諦點：如是相、如是性，乃至如是報，顯示假諦之義。即十法名字施設，邐迤不同，即是緣生假諦。就所謂一相無相示諸相，就平等詮差別，説示相、性、體、力等差別不同，施設十法名字，示萬法之假立，所以稱爲「假諦點」。

㈢、中諦點：相如是、性如是，乃至報如是，顯中諦之義。如是即是「如」於中道實相之「是」，故即是中諦義。又「如」是冥契義，即詮示十法悉是實相妙法，所以稱爲「中諦點」。

爲了使人易於理解接受，所以於十法中說明空、假、中義，但得意忘言，空即假中，一一無別。如約「如」明空，則一空一切空；點如明「相」，則一假一切假；就「是」論中，一中一切中。故三諦非一二三，而一二三，即是圓融相即的三諦。而這圓融的三諦，即是十如是所包含的深義。由此可知：十法即三諦，三諦即實相，實相即十法。

由上所述，十界十如，同一實相，如如相攝，界界互成，則成百界千如。這百界千如又具三種世間，成三千世界的法數（如前所述）。因此，三千性相的法數已經綜括法界的森羅萬象，而其中的要義，在於顯示十法界森羅諸法，當相即法法圓具三千。因此，法法是圓融三諦，所以隨便舉諸法中的一法，此法即是三千三諦的妙法，無論是色法或心法，是真心是妄心，是細四大抑或麤四大，任何法界的一事一物，都是本具三千，毫無缺少，因此，或色或心，或生或佛，其體不外一種三千。

爲了入觀的方便，現以識心爲例來說明。凡夫的一念芥爾（微細之念）之心，即日用現前的六根對六塵時所起的一剎那的妄心，即具三千三諦的理法，毫無缺少，即是「一念三千」的道理。智者大師在《摩訶止觀》中說：

……此三千在一念心，若無心而已，芥爾有心，即具三千。亦不言一心在前，一切法在後，亦不言一切法在前，一心在後。現前起滅的一念，在十法界中必屬一界，若屬一界，即具百界千如。

三千諸法，又有理具事造的分別，這是以義來分判建立的，其實祇是一個三千。如《摩訶止觀》中說：

更於一種三千，以義分別，立理具事造二種。理具者，本具之德，謂法性自爾具三千諸法，其體融妙無量，即萬有一一悉皆本來具三千法，平等無差別，是曰理具三千。事造者，緣起之用，謂理具即法性本具之三千，隨緣變造，迷悟諸法之差別歷然，是曰事造三千。然理具事造者，修性之別，其體是一，事三千當處即理三千，非理具外別有事造，故云理具無外，全指事造；事造無外，全指理具。

總而言之，宇宙法界萬有之中，雖有十界十如等差別，但無一法不是三諦，無法不具三千。因此，染淨善惡諸法，都是本有的天然性德，祇要我們於一念芥爾心的生起處，回頭返照，轉化凡情而成聖智，開顯三德，圓成三身；則一念不小，法界不大；三千不多，一法不少；一體融攝，妙用遍該。

第十章　藏教的教與觀（化法四教）

化法四教作爲佛教的教理具體內容與具體觀法，有著非常廣博的理論精華與精湛圓滿的工夫修養，根據衆生根性的差別，分作藏、通、別、圓，究竟目的仍在於圓。所以要學習前三教目的也是爲了防止偏曲，而使圓頓觀門正見不謬，因爲不瞭解前三教，就不能正確地悟解圓教。圓教是攝受前三教的義理，而成爲圓融遍攝的博大。否則，便成爲空中樓閣，徒有虛名的了。

這一章先論述藏教的教觀。

藏教的三藏，是以《四阿含》爲經藏。「阿含」譯爲法歸，意思爲一切法的匯歸，《四阿含》即：

㈠、《增一阿含》，以數字遞增爲說法的序列，說明人天因果等佛法。
㈡、《長阿含》，說明世界生起的各種情況，破外道的不正確的人生觀。
㈢、《中阿含》，說明宇宙人生真理的深奧意義。
㈣、《雜阿含》，說明禪定的次第與方法。

這《四阿含》是迦葉請阿難匯歸佛所說的諸法而結集的，所以稱爲「四阿含」。藏教是以毗尼爲律藏。毗尼譯爲善治及調伏。從通的方面說，佛所說的教法中專以對治習氣煩惱，調伏身心的，都屬於毗尼律藏；從別的方面說，則是因事所制的各種戒相。這是摩訶迦葉請優波離結集而成，開始時祇有一部，後來因意見分歧，分爲上座和大衆二部，後來又分爲十八部等。最後的流傳僅有五部律。藏教又以「阿毗曇」爲論藏，又譯爲「阿毗達磨」，意思是無比法。在通稱上，凡佛所說法，都可稱爲「阿毗曇」。但這裏所說的，即是摩訶迦葉自己結集佛所說的論以及阿羅漢所著的論，稱之爲「阿毗曇」。

大乘也有三藏，爲甚麼特別以漸初小機爲三藏教呢？因爲大乘法門的經、律、論三藏，往往是相互交錯混同，不像藏教分得那麼細緻，所以特指初始的漸教爲三藏教。

三藏教蘊含著生滅四諦的一切義理，聲聞、緣覺及初心淺位菩薩，均以此爲修行指針，因爲完全具備戒、定、慧的三無漏學，所以稱爲藏。

藏教的教義主要顯示生滅四諦，思議與生滅十二因緣，也包括事六度的行持。

一、生滅四諦

諦即真實不虛，或符合於客觀實際，即現前所說的真理。四諦即苦、集、滅、道的四種世出世間的真理。因爲三界二十五有的衆生，真實是苦，無法真得快樂（苦諦）；迷惑以及三業的善惡造作，是招集苦果的根源，更無上帝或某種神力的支配和强制，唯有自己業力所集（集諦）；要滅一切苦，除戒、定、慧等三十七道品外，更無其餘的法門（道諦）；唯有出三界證無漏的無爲纔是寂靜安樂的，更無其餘的地方享有真樂（滅諦），這四個方面的指示都是客觀事實、不可否認的真理，所以稱爲四諦。

四諦有三界内外的小乘、大乘的區別。這裏説明的是最初的生滅四諦，是小乘所獨有的。這四諦之所以稱爲生滅，具有以下的內容：

㈠、三界二十五有的果報色心，都是三相（生、滅、異）有爲之法，所以稱爲生滅苦諦。

㈡、貪分煩惱有二萬一千；瞋分煩惱、癡分煩惱和等份煩惱，也各有二萬一千，概括這四種煩惱，共有八萬四千煩惱，這些煩惱心，都是衆生流浪根塵，擾濁內心，由此纔生起善惡不動的三有漏業，能招感三界生死的苦果，所以稱爲生滅集諦。

㈢、以戒、定、慧，對治改變貪、瞋、癡等煩惱，以成無漏的出世之道，譬如明生暗滅，所以稱爲生滅道諦。

㈣、滅了三界因果有爲之法，纔能得證真的無爲，所以稱爲生滅滅諦。

二、思議與生滅十二因緣

因緣是佛法關於宇宙人生事事物物的生滅關係的相互產生過程。能夠不斷地輾轉產生果的是因，相互依賴的條件是緣，因爲既屬生滅，故可以思量卜度，以語言分別，故曰思議生滅十二因緣。《四教儀集註》中說：「如無明爲因，能與行支爲緣，乃至生支爲因，能與老死的緣。」從有情的流轉過程看，是十二階梯的因緣，即無明緣行、行緣識、識緣名色、名色緣六入、六入緣觸、觸緣受、受緣愛、愛緣取、取緣有、有緣生、生緣老死。這十二因緣又稱爲十二有支，意思即十二個支分成一因緣次第。十二因緣有三種：一是三世十二因緣；二是二世十二因緣；三是一念十二因緣。現在依次分析三種十二因緣。

㈠、三世十二因緣

無明與行是過去的二支因，屬於過去世的；從識至受是現在的五支果；愛取有的二支是現在的因；生老死二支是未來的果，所以叫做三世十二因緣。

1、無明：過去的一切煩惱，都是「無明」。無明的體即是癡，以迷暗爲性，因爲癡暗之性無所明了（不了事理），所以叫做「無明」。在三障上說，即是煩惱障，在三道上說，即是煩惱道。

2、行：凡有身、口、意的造作，統稱為「行」。在過去世造作了善惡的各種業即是「行」，在三障上說，即是業障，在三道上說，即是業道（即過去世之業）。從「無明」到「行」是過去世的二因。

3、識：既有過去的惑業，生起了污染的心識，所以在父母交會時，意識妄念一投入母胎，一剎那間，有了了別的作用，即是「識」，《摩訶止觀》中說，初託胎時叫做歌羅邏。這時即具有三個條件，一命、二暖、三識。因為住在胎中，有報風、依風，報風即是命；精血不臭不爛，即是暖；這中間具有心意，即是識入胎時便能隨母體氣息上下出入，叫做識位。

4、名色：「名色」的「名」即指精神因素，「色」指物質因素，從識託胎以後，經過三十五日生長了四肢與器官，稱為「形位」，因為還沒有眼、耳、鼻、舌的四根，所以稱為「名色」。

5、六入：從「名色」以後過四十二日，叫做「髮毛抓齒位」，再過四十九日，叫做「具足五根位」，再在一百三十日中，得到諸根具足的「胎中位」。

6、觸：從出胎以後到三四歲時，由於器官與環境相接觸，六根、六識、六塵已產生和合作用，但對於違順中的差別境界，還未能清楚瞭解，沒有苦、樂、舍的三種感受。

7、受：領納現前六塵境界的好與不好等事物，叫做「受」。從以上的「識」到這裏的「受」是現在的五果，在年齡上即從五、六歲至十三歲時，因爲六塵與六根接觸時，便能清楚明白地領納現前的境界，在違背心情的感受順於心情的感受及不違不順的中庸境上，已經能了別，但仍未能生起貪愛的心念。

8、愛：貪愛色相、男女、金銀、財物等事，從十四、五歲到十八、九歲時，貪圖種種勝妙的生活資具，以及淫欲等境，但仍未廣泛地追求，所以還不叫做「取」。

9、取：對於一切境界，都生取著心。這「取」和以上的「愛」，是未來生死痛苦之因，繫屬於煩惱，和過去的無明一樣，能招致無量劫的流轉，從年齡上說，即從二十歲後，貪欲心轉盛，在五塵境上，四方追求悅心快意的一切享受。

10、有：由於「愛」與「取」的二支因業，造成了未來世的生死種子，必落三界二十五有的果報中，所以叫做「有」。從「愛」到「有」是現在的三因。

11、生：在未來世中所招感的四生六道的身體，即叫做「生」。

12、老死：有「生」必有「老死」，業果滅謝時，身體敗壞，神識相牽，即叫做「老死」。從生到死是未來的二果。

以上是十二因緣的「順生門」，是隨順衆生惑業苦的流轉而言，如果滅了無明，則漸次都可滅盡，如無明滅則行滅；行滅則識滅；識滅則名色滅；名色滅則六入滅；六入滅則觸滅；觸滅則受滅；受滅則愛滅；愛滅則取滅；取滅則有滅；有滅則生滅；乃至老病死滅，這叫「還滅門」，由此觀修是順於真諦的不生不滅的，所以能出煩惱生死而成出世聖人。

㈡、二世十二因緣

現在與未來的因果相續關係，即形成二世十二因緣的循環。無明和行是能行的二支。識、名色、六入、觸、受是所行的五支。愛、取與有是能生的三支。生及老死是所生的二支。前十支均屬於現世之因，後二支則是由因所造的未來果報。依生死果又起無明與行，因此造成三界因果的相續不斷。

(三)、一念十二因緣

是說明一念心起，必藉因緣；若有因緣，一定有十二個微細過程，因爲一念頓具十二因緣的生死過程，所以稱爲一念十二因緣。

三、事六度行

三藏教中有一類大乘淺位菩薩，因爲未悟甚深實相，僅以事相次第而行事六度行，即是菩薩初步學修的方法。「度」，印度梵文音譯即「波羅蜜」，譯成中文有三種意思：一、事究竟；二、到彼岸；三、度無極。通常爲簡便起見略稱「度」，意思是能度自他生死的深淵到達清淨自在的彼岸。

因爲淺位菩薩由三阿僧祇劫的伏惑，再進修萬行。但理觀還弱，而事相行持較强，所以叫做「事六度」。

㈠、檀那波羅蜜，中譯爲布施到彼岸，如果內有大乘利生信心，外有可供的福田，並有一定的財物等，這三件事合在一起，心中能生捨離想，能破慳貪心，便成功了布施度。

布施有二種：第一財施，第二法施。財施是屬自己所有的飲食、衣服、田地、住宅、珍寶、器具，以及身命，爲了他人得到幸福和滿足，都可以布施給他，這叫做財施。如果在諸佛道場中，或善知識的教導，或者從經論中學習到的，世出世間的一切佛法，不但自己依法行持，並且以清淨心爲他人演說，即是法施。財施衹能給人一時或一生的幸福，法施能使人得到佛法的真理，出三界生死，得成菩提，利益是不可限量的。

菩薩以質直的清淨心，不爲名聞利養，做這二種布施的善舉即叫做檀那。

㈡、尸羅波羅蜜，中譯爲好善到彼岸。喜歡做善的事，自己不放逸做惡，修養身心，或受戒律的善行，都叫做尸羅。尸羅略說有二種：一是在家尸羅；二是出家尸羅。在家尸羅即所謂三歸、五戒、八齋戒等的善法，出家尸羅有沙彌、沙彌尼的十戒，式叉摩那（學法女）的六法戒。大比丘、比丘尼的具足戒，以及三千威儀八萬細行，《梵網經》菩薩戒的十重四十八輕，則通於在家與出家，因爲菩薩不分出家在家，都應受持菩薩戒。菩薩能以質直心，不爲名聞利養持種種戒，即是尸羅。

㈢、羼提波羅蜜，中譯爲忍辱或安忍到彼岸。內心能安忍外境的侮辱，叫做忍辱。忍辱有二種：一是生忍；二是法忍。生忍又分作二種，一是在恭敬供養中能有忍耐心，使自己不執著、不驕逸；二是在瞋罵打擊迫害中，能安忍不生瞋恨和恐惱。法忍也有二種：一是當寒、熱、風、雨、饑、渴、老、病、死等自然現象對人的刺激與打擊時，能安忍不動；二是在瞋恚、憂愁，淫欲、驕慢以及邪見等境中，雖然受到許多苦楚，於心能安忍不動。前者是非心法的自然性，後者是心法的社會性。如在二者中都能安忍不動即得法忍。菩薩以質直心，修以上的生、法二忍，即是羼提。

㈣、毗梨耶波羅蜜，中譯爲精進到彼岸。如心念樂於勤行善法，不自放逸，專精不退，所以叫做精進。

精進有二種：一是身精進；二是心精進，如果身體勤行善法、行道、禮拜、讀誦、講說、勸助、開化，即是身精進。如果身勤善道，思惟觀照，心心相續，即是心精進。在六度中分析，如勤修布施、持戒的善法是身精進。勤修忍辱、禪定、智慧，是心精進。修身、心二種精進，即是毗梨耶。

㈤、禪那波羅蜜，中譯爲思惟修到彼岸，一切收攝心念的工夫，以及修習三昧出世大定，都叫思惟修。

禪有三種：一是世間禪，二是出世間禪，三是出世間上上禪。一是世間禪，世間禪是根本四禪、四無量心、四無色定等。那是凡夫所修的禪，亦可做出世禪的基礎；出世間禪又分爲二種：二是出世間禪，即六妙門、十六特勝、通明，九想、八念、十想、八背捨、八勝處、十一切處、練禪、十四變化、願智頂禪、無諍三昧、三三昧、師子奮迅三昧、超越三昧，以及三明六通，這些是出世間禪，也叫二乘共禪。三是出世間上上禪，即自性等九種大禪，首楞類等百八三昧，諸佛不動等百二十三昧，都是出世間上上禪，也叫不共禪。不與凡夫二乘共通。（請參閱《漸次止觀》或《佛學大辭典》有關條目）

如果菩薩以直清淨心，修世出世間的各種禪，即是修禪那法。

㈥、般若波羅蜜，中譯爲智慧到彼岸，照了一切諸法，皆不可得，而又能通達一切無礙，所以叫做智慧。智慧有三種：一、學智慧；二、無學智慧；三、非學非無學智慧。非學非無學智慧是指乾慧地、不淨觀、安那般那（數息觀）、欲界繫四念處，暖法、頂法、忍法、世第一法等（六即中有詳細說明）；學智慧是指苦法忍慧，直至阿羅漢第九無間中，金剛三昧慧。無學智慧是指阿羅漢第九解脫智以後，一切無學，如盡智、無生智等，這屬於聲聞所證的智慧。求辟支佛智慧也一樣，祇是因爲根性較聲聞人利，無漏善純熟，雖然出生在無佛的世界，不從他人聽聞學習，自然能覺悟因緣生滅的道理（獨覺人），得禪定而斷盡三界有漏惑業，所得的三明六通等功德，比聲聞稍勝一點，即成辟支佛智慧。又因爲觀十二因緣（獨覺人），智慧深利，能進一步斷除一分習氣，比聲聞從四諦觀門斷除煩惱有不同，所以要殊勝一些。如果菩薩求佛道智慧，從初發心以後，行六波羅蜜，破魔軍衆，及一切煩惱，得一切智，證真諦慧成就藏教佛道，以及入無餘涅槃，隨自己的本願力，從這中間所有智慧，對諸法的總相和別相，一切盡知，即是藏教的佛智。

菩薩以質直清淨心，修以上三種智慧，即是修般若法。

在事六度中，我們可以看到，每一度之間是不能相互融攝，而祇有相互影響的作用，因爲不能一即六、六即一，所以純是事相上的有隔六度，有別於圓教的一即六、六即一的圓融。

藏教有關諦理的分判，在天臺大師所立的七種二諦中，屬於第一種實有二諦。

藏教僅明人空，不明法空，所以說明現象界的五陰、十二入、十八界等都屬實法。依這實法和合，假名爲人，人雖然決定是無，法則必定實有，這即稱爲俗諦。直到修人空慧時，斷盡見思，纔泯滅三界五陰、十二入、十八界等俗法，復歸真空，即稱爲真諦。因爲俗法是實有而非空，真諦是全空而無俗，所以真俗攸分，事相角立，即稱爲實有二諦，也叫「名無名」二諦（世諦有名，真諦無名，即是生滅二諦）。

綜上所述，藏教法門的各種理論體系，是世尊開示三界內的鈍根衆生，從現象的地、水、火、風、空、識等事物中，以無常、苦、空、無我、無所的善巧方法，去破析其種種凡情的執著。在諸禪中，由分析萬法豁破煩惱惑業，而入於真空寂滅，脫出三界有漏的分段（分指生命的壽夭分限，段指身形的長短）生死，證偏真涅槃。在這法門中，世尊主要是針對二乘鈍根而設，但也包括一類鈍根的菩薩在内，以上的事六度即是爲菩薩而設。

四、藏教六即佛

接下來談談藏教的六即。我們知道，臺宗的六即，是智者大師爲分判圓教教學修習次第而建立的。有理即的性理方面；有名字即的學習解悟真理的程度方面；有開始觀修的觀行即；有觀行必逐步接近於真理的過程，便有相似即；由相似即再進一層必能逐步證入真理，由取證的深淺，所以又有分證即；從分證即的不斷深入，便能究竟契入，而完成了修證的全過程，即是究竟即。六即後加一佛字，是指本覺的真理而言。理即佛是凡聖同源的本體，從名字到相似都屬於修證中的始覺，最後圓滿的菩提，纔是本覺與始覺合一的究竟覺。

藏、通、別三教和圓教的六即義本有一定差別，一是方便權巧的設施，一是究竟圓融的真境，但爲了理解上的方便，在藏、通、別的三教中，也依次用六即來論述，有助於我們加深對它的次第修學的認識。

以下依照藏教的學修次第，來分別論述六即的意義：

㈠、理即佛

藏教的理體，唯以真諦寂滅之體爲最究竟的所證。因爲這真諦寂滅之體在因果事相之外，孤零零地不具俗諦門緣起的諸法，所以根據大乘教的理論，判攝爲不具緣起的偏真理體佛。

進一層說，三界的依正、色心、因果諸法，都屬無常，既是無常，所以是生滅法，祇要滅除了苦集的三界生死因果，由道諦的修證功能，便能證到出世間的真諦寂滅之樂。因爲滅了煩惱生死的實法，而證入真諦的空性，所以世法與世出間法，以及真空與俗有，都不能融通互證，而祇執於出世的真空寂滅一邊。這樣所證的真諦，便不能同包羅萬法的自性相應，所以僅成偏真的涅槃。

㈡、名字即佛

名字的意思是由種種語言組成的佛法概念，並由此概念而獲得了佛法的真理。人們聽到佛的言教或善知識的教導，或者自己從理論中學習後，明白了一切事物從因緣和合產生的道理，並徹底認識到那些認爲萬物從時間、方位、梵天、極微、四大等所生的錯誤，同時也排除了無因緣而生的錯誤觀點。由此更進一步理解因緣所生的一切事物，都是無常的、無我的，從而因現象的分析，論證到本體的寂滅以及聖智與之相應的清淨無爲，並生起欣慕出世的寂滅快樂，發起修行的信心。

對於萬物產生的原因，古印度及中西各國都有許多哲學家提出自己的看法，如古印度的時散外道，認爲一切事物都從時間上產生，他們見到草木的芽莖，以爲它們都因四時的變遷而引起，時間雖然不可見，但四時八節的氣候轉變，自然界的草木等物也跟著發生變化，因此就確認時間是永恆的、是一體的，是萬物產生之因，是涅槃果證之因。因爲他們祇看事物的表面現象，不深入事物本身的發展規律，所以把物質的生滅代謝而產生的時間流逝，反而認爲是永恆之體，反過來把時間排在物質之先了。《中論》也曾說過，因爲有了物質，纔顯出時間性，沒有物質的生滅，就根本沒有時間這個概念，可知時散外道的時間爲萬物主因的觀點是錯誤的。還有方論師認爲萬物從方位上產生，他們看到人生天地之間，滅了以後還入於方位，所以執計方是常恆不變的，是萬物產生的原因，是涅槃果證之因，這同樣是錯誤的論點。

還有與西方基督神學相彷彿的韋陀論師的觀點。這一觀點後來發展成婆羅門教與現在的印度教。他們認爲那羅延天能生四種姓，他們說，在那羅延天的臍中，生一朵大蓮花，上坐有梵天祖翁，是萬物的祖先，能造一切有生命的和無生命的萬物。從梵天的口中生出婆羅門，從兩臂生出刹帝利，從兩脇生出吠舍，從兩足生出首陀羅，那麼印度的四種階級從宗教的觀點中反映出來，變成了合乎現實的梵天創造論，這是愚蠢的而又是殘酷的思想。

具有樸素唯物主義思想的順世派外道——路迦耶，在許多外道的思想中，是比較正確的。他們認爲物質和精神等現象，都是地、水、火、風的四大和極微的粒子爲因素。正如古希臘哲學家恩培多克利斯的觀點一樣，這四大元素是勢均力敵的，但是各有不同的職務，各有各的特殊本性的，在時間的流轉中輪流佔據上風。在元素以外沒有什麼東西產生，元素也不消滅。但在佛法藏教的因緣析空觀來分析，四大元素與極微也不是萬物的根源，因爲它們也是因緣和合產生的一種假象，其體畢竟是空，所以機械唯物的觀點衹能侷限在事物的現象上，不能解決物質現象的特殊方面。例如心理的特異功能與物質相互作用下的某種情況，機械唯物的觀點就顯得束手無策。然而，唯心的觀點走向虛妄的理念世界，不重視現實的證明，同樣也不免走向死胡同。所以，我們從因緣生法的觀點去看問題，就顯得那麼簡明和透徹，容易從變化複雜的精神與物質中，看出自然性與社會性的各種規律。並利用各種規律爲人類自身造福。由此，我們可以從佛法的初門，洞徹了許多世人們所不能解決的問題，佛一語道破的正是人們摸索不到的真理。現在的許多哲學家、心理學家們，不應固執門庭知見，而應不斷深入研究佛法，以期更好地有益於人類社會！

如果深入明白了緣生無性及真空寂滅的真理，不再被一切假象所迷，也能在各學派各宗教的觀點中，不被諸謬論所惑，對真理的確認堅定不移，對人生的理想與行爲，一往直前，不再徘徊，内心充滿了獲得真理的喜悅，這時即進入了名字即佛位的境界。

㈢、觀行即佛

學習佛法明白真理是爲了修學以達到實證。當理解了佛法的初步因緣生法的道理後，即須從解起行。觀行的實踐分三個方面：

1、五停心觀：⑴、貪欲多的衆生修不淨觀；⑵、瞋恚重的衆生修慈悲觀；⑶、散亂心多的衆生修數息觀；⑷、特別愚癡的衆生修因緣觀；⑸、業障煩惱障重的衆生修念佛觀。以這五種觀法，調伏初修時的心念，打好修四念處的基礎。

五停心觀修法非常重要，具體内容請閱智者大師的《四念處》一書。

2、別相念。⑴、觀身不淨；⑵、觀受是苦；⑶、觀心無常；⑷、觀法無我；以這四觀來對治依於五蘊所起的四種顛倒。在不淨中以爲是淨，在苦中以爲是樂，在無常中以爲是常，在無我中以爲有我。

3、總相念。在觀身不淨時，推及感受、心念、五蘊法也同樣不淨；在觀受是苦時，推及心念、五蘊法、身體也同樣是苦；在觀心無常時，推及五蘊法、身體、感受也同樣是無常；在觀法無我時，推及身體、感受、心念也同樣無我。因爲一觀中具足其餘三觀，一念中具足其餘三念，所以稱做總相念。

依於上三種方法的修觀，是藏教行持的初步，屬於有漏外凡（心遊理外）的資糧位。

㈣、相似即佛

以上觀行即中用五停心觀破種種道前的障礙，又以四念處見到苦諦的真義，在這裏則進一步觀四諦法，以伏見思煩惱。因爲在觀四諦法中，能依稀彷佛見到真諦理，所以叫做相似即佛。心念在觀中雖然已逐漸同真諦理相應，但身體仍未脫有漏的三界，聖道的位次也未生起，還是內凡的加行位（以定資慧，加功用行故，叫做加行位）。加行有四法：一、暖法；二、頂法；三、忍法；四、世第一法。

1、暖法：由修四念處，再加修四正勤，以四諦境爲緣，能發生相似的解，伏煩惱惑，得佛法氣氛。譬如鑽燧發煙，春陽暖發，以能觀的智慧譬喻鑽，以所觀的四諦境譬喻燧石，發生暖的過程，即是譬喻產生相似的悟解。

2、頂法：從暖法位上，進修四如意足，於是相似解更加轉明，得四如意定、十六諦觀（一諦中各具四諦，四四便成十六諦），更加轉明，如登上山頂，洞覽四方無餘，所以稱爲頂法。

3、忍法：由定慧均平，善法增進，能成就信、進、念、定、慧的五根，安住不動，所以叫做忍法。

4、世第一法。由於五根增長，能破五種障，接近於見道位，這在世間有漏位中，最是勝妙，所以叫做世第一法。

以上用有漏的聞、思、修爲增上慧，資助本具的無漏種子，使之發生觀行，而入見道。從五停心，開始到世第一法，叫做七賢位，又叫七方便位。

㈤、分證即佛

分證即由見道至無學前的三果，道不能頓證，必然漸次斷除迷惑，漸證真諦。

1、須陀洹果：中譯為預流，意思是預備進入聖流。在相似即的世第一後心，用八忍八智（欲界四諦下各有一忍一智，所謂苦法忍、苦法智等；色界、無色界四諦下也各有一忍一智，所謂苦類忍、苦類智等。合成八忍八智）。頓斷三界見惑，初步預入聖流，叫做見道位。見道時身心脫落，剎那之間見於真諦空寂之境，因時間極短，所以稱為「十六剎那見道」。

2、斯陀含果：中譯為一來，斷欲界的六品思惑。因為還剩餘欲界三品思惑未斷，所以仍有潤生的業識種子存在，還須再來一次人間投生。

3、阿那含果：中譯為不還。斷盡欲界的最後三品思惑，再進一步斷色界、無色界的八地七十二品思惑，因為欲界的業識種已不再來欲界投胎，所以叫做不還。

以上須陀洹至阿那含都是修道位。

㈥、究竟即佛

在藏教的學修中，達到了最圓滿的無學位時，即成功了究竟的藏教。藏教中因有聲聞、緣覺、菩薩的三乘，所以無學位也分三類。

1、小乘的無學位：即阿羅漢果。阿羅漢果有三種意義：一、殺賊，因在修道中，殺盡八十八使見惑和八十一品思惑，破三界有漏之惡，所以叫做殺賊。二、應供，在因地時，因爲乞食於衆生而成果中應供之德。三、無生，在因地中能令魔生怖畏，在果上不來三界受生，所以叫做無生。

在阿羅漢果上，已斷了見思煩惱的三界生死種子（子縛），如果五陰的報身（果縛）未離，即是有餘涅槃。如果滅了戒、定，解脫，解脫知見中的半分身（灰身）；又滅了慧身、解脫知見半分身（泯智），這時五分法身都滅盡，因爲灰身就是没有了身體，泯智就没有了智慧。獨一解脫，證得偏真空寂，即入無餘涅槃。此時安住空寂清淨的光明之境，受偏真涅槃之樂。

2、中乘的無學位：中乘的無學果即辟支佛果。因爲修道者根性比小乘人稍利，能順生死流與逆生死道觀察十二因緣。由觀十二因緣而斷見思二惑，雖與阿羅漢同斷見思，但因爲能進一層除去習氣，所以位置在聲聞之上，功用也稍勝。

3、大乘的無學位：大乘的無學位即藏教的佛果，又叫藏頭佛。具有大乘根性的修行者，從初發菩提心時，便能以四諦爲緣，而發衆生無邊誓願度（苦諦境），煩惱無盡誓願斷（集諦境）；法門無量誓願學（道諦境）；佛道無上誓願成（滅諦境）的四弘誓願。進一步修事六度行，這時即可稱爲菩薩。

菩薩從發心開始修行，在第一阿僧祇劫時事相上的行持雖然較强，但理觀還弱，與聲聞的位置比較，約在外凡的資糧位。在第二阿僧祇劫時，諦觀漸明，理觀增强，位置在聲聞的暖法位上。在第三阿僧祇劫時，諦觀更加明顯，位置在聲聞的頂位。菩薩三大阿僧祇劫修完畢後，六度行也圓滿了，再住一百劫修相好因，位置在下忍位。接著進入一生補處，生兜率天宮，降生、入胎、出胎、出家、降魔，當在菩提樹下安坐不動時，在中忍位。次一剎那入上忍位，次一剎那入世第一位。即發生了真無漏的三十四心（見道的八忍八智稱十六心。修道的三界九地，各有一無礙、一解脫，稱為十八心，並從無始的、本具的無漏種子中，所發現行。由此現行，能證真諦我空真如，所以合稱為真無漏三十四心），便頓斷見思正使與習氣，坐於菩提樹下，以生草為坐具，成劣應身（如釋迦佛的丈六身體，彌勒佛的十六丈等）。受梵王的請求，三轉法輪，度聲聞、緣覺、菩薩的藏教三種根性，因緣盡時，入於涅槃。這時與阿羅漢、辟支佛，究竟同證偏真法性，身智依正永滅，入於畢竟寂滅無為的空性中。

五、藏教的觀法

以上已略述了藏教的教理組成與六即次第，以下談談藏教的觀法。

藏教的觀法也分三乘。聲聞乘觀四諦法，以苦諦作為入道的初門，根性最利的三世即可獲得成就，根性最鈍的需要六十劫的學修纔能證入四果羅漢。辟支佛修十二因緣，以集諦爲入道初門，根性最利的四生即可成就聖果，根性最鈍的需要百劫的學修纔能證入辟支佛果，中間不立果位的分級。出生在有佛的世界，稱爲緣覺，若出生在無佛的世界，則稱爲獨覺。菩薩發四弘誓願，行六波羅蜜，以道諦爲初門，因在修行過程中，伏見思惑而不斷，以廣利衆生爲佛事，所以一定要經歷三大阿僧祇劫的學修，最後纔在菩提樹下頓斷煩惱而成佛。

這三種學修者的證果淺深雖有不同，但都同斷見思，同出三界，同證偏真，在究竟的佛道上說，祇行了三百由旬，住在化城中，到寶所還僅祇半途。

由此可見，藏教的佛果，並非究竟無上菩提，但因爲已脫三界生死，能在無佛世界轉正法輪，廣度衆生，所以假名爲佛。

三乘的修行方法雖分四諦、十二因緣、事六度的三種，但論十乘觀法的次第，都是一樣的，祇是見地、心量等不同，所證的境界也有遲速和深淺不同罷了。

觀法分作十種，由這十種觀法組成一乘，所以叫十乘觀法。

㈠、觀正因緣境：觀是能觀的智，正因緣是所觀的境，因爲無明爲因，境界爲緣，因緣和合，出生三界、色心、依正、因果；這即是無明因緣生一切法。由此觀察，便能破邪因緣的時、方、梵天、極微、四大所生，及無因緣所生的二種顛倒謬見，破邪必能顯正，正顯方能入於真理。

(二)、真正發心：不貪世間名利，唯求出世涅槃及兼利一切衆生。

(三)、遵修止觀：以五停心爲止息諸妄的方便，以四念處爲觀修真理的入門。

(四)、遍破見愛煩惱：由定慧力豁破一切見愛煩惱。

(五)、識道滅還滅：如修上法仍未入門，便須識別修道中的通塞問題，例如四諦中道滅是通，苦集是塞。或六度是通，六蔽是塞，若是通道即須護持，若是塞即須破。

(六)、調適三十七道品：以三十七道品調適身心，漸次以空、無相、無作的三解脫門，進入聖道。

(七)、對治助開：若根鈍仍舊不入，應該修對治的事相諸禪。

(八)、正助合行：如果少有利益，必須識別位次，分出聖凡次第的高下，使自己不生增上慢心。

(九)、善修安忍：善能安忍內外身心的一切障難。

(十)、離法愛：不在相似道上而生法愛，纔能由頂、忍、世第一法而漸證聖果。因爲勝進中的行人一生法愛則必然停滯在法益上，這是十分重要的，學修者不可被中途的假像所迷惑，一定要直達聖果爲目的。

以上十法，最利根人，衹要修第一觀正因緣境，就能入道，根性稍鈍的人，須從第二觀到第七觀，節節修學纔能入道，根性最鈍的人必須具足十法次第，纔能入道。

第十一章　通教的教與觀（化法四教）

在通教教法中以因緣即空、無生四諦爲教理的宗旨，是大乘佛法的初門，正爲菩薩大根而設，傍引二乘種性。三乘同依此教見第一義諦，則藏教的根性和別圓根性，都攝在此教中，所以叫做通教。

《大品般若經》中說：「欲學聲聞乘者，當學般若；欲學緣覺乘者，當學般若；欲學菩薩乘者，當學般若。」因爲三乘在此教中體會到緣生性空，見第一義諦，入般若門。所以雖然聲聞觀無生四諦，緣覺觀思議不生不滅十二因緣，菩薩觀理六度等，三乘所觀的對象各有不同，但同入第一義諦則是相一致的。通教沒有另外立一部類，凡是方等、般若中有關三乘共行的法門，即屬於此教。

此教的教理内容包括無生四諦、思議不生滅十二因緣、理六度行，現分述如下：

一、無生四諦

雖然苦、集、滅、道的名相與藏教的生滅四諦沒有差別，但因爲根性較利，能了四諦如幻，當體無生，四諦雖有差別，而無生之理本同，所以叫做無生四諦。

㈠、無生苦諦

苦原以逼迫身心爲義。既然三界、色心、依正、因果一切苦相，如幻如夢當體全空，豈能以空而逼迫於空？因此，生死即是涅槃，苦諦即是無生。所以諸苦的現象對於了達無生的人而言，就如沒有發生一樣，因此身心不受逼迫。

㈡、無生集諦

集原以和合諸法、招集未來果報爲義，既然見思煩惱，有漏行業的一切招集業因，不從自體生，不從他體生，不從自他二體和合共生，也不從無因緣自然而生，那麼，一切惑業因緣，緣生由來無性，當體原本是空，豈有空與空相和合？因此，煩惱即是菩提，集諦即是無生。

㈢、無生道諦

道是對治煩惱的善巧，迷惑是所治的妄境，所治的見思煩惱既然當體即空，能治的道當體也空，空沒有二個，一體不二。因此，能所不立，智境雙亡，當體即空，道諦即是無生。

㈣、無生滅諦

既然體達生死即涅槃，苦、集如虛空，空性豈有生相，既然從來不生，今也無所滅。因此，生無生相，當體寂滅，滅諦即是無生。

二、思議不生滅十二因緣

十二因緣的流轉情況與以上藏教的三世意義相同，但因爲根性較利，能體會因緣如幻即空的道理。既然如幻即空，則生即不生，滅無所滅，生滅去來，了無所得，所以叫做不生滅。雖然是不生滅，但仍可以思惟觀察，言語討論，所以叫做「思議不生滅十二因緣」。

緣覺在修此十二因緣時，能以體觀之慧，諦觀「有」不在內，不在外，不在中間，猶如虛空，但有名稱，毫無實體。其他十一支也同樣一一體空。於是便能契入不自生、不他生、不共生、不無因生的性空本態，了達生即無生，滅即非滅的緣生性空的妙義。

三、理六度行

六度的事相和前三藏教的事六度沒有差別，但因為根性較利，能在事相行中，體會到如幻即空，了達即事即理的真理，所以叫做理六度。

菩薩在行六度時，在一一度中，能以三輪體空觀，破除對事相的執著，即如《金剛經》中離我、人、衆生、壽者四相的修行方法。譬如在行布施時，不執我是能施的人，不執面前的人是接受我施的人，中間也不執著施捨的東西與過程及所得的果報。在其他五度中也一一這樣類推，由此菩薩在行六度時，能以三輪體空而契入事理不二，性空緣生的真理。

四、七種二諦

在七種二諦上分析，屬於幻有空二諦和兩種含中二諦，幻有空二諦是以幻有爲俗諦，幻有當體即空爲真諦。含中二諦分爲二種：一是以幻有爲俗諦。幻有即空不空，共爲真諦，這是通教的真諦含有別教的中道理體。所以入此二諦，便受別教所接。二是以幻有爲真諦。幻有即空不空，一切法趣空爲真諦。這是通教的真諦中，含有圓教的圓空、圓中的道理，所以入此真諦，便受圓教所接。

在三諦方面論述，分爲以別入通三諦和從圓入通三諦。從別入通三諦，是以有漏爲俗諦，無漏爲真諦，非有漏非無漏爲中諦。從圓入通三諦，也是以有漏爲俗諦，以無漏爲真諦，不同的是在非有漏非無漏的中道中，更具一切諸法，便成圓融的中道義理。

世尊爲教化菩薩，傍化二乘，對三界內的利根衆生，開示五陰、六入、十二處、十八界等，皆如幻如化，當體即空的道理。令他們修習體證萬法皆空的方法，這即是所謂的體空觀，依這方法修行，能出三界分段生死，證真諦涅槃。

五、通教的六即佛

以下論通教的六即佛：

㈠、理即佛

以無生為究竟的理體，從「諸法不自生，亦不從他生，不共不無因，是故知無生」的層層推檢，在六凡的心境上，知諸法幻化即空，而成無生的理體。從三界諸法中，瞭解苦無逼迫之相，當體即是無生真諦；集、滅、道也同樣當體無生即真，無生的妙義就從四諦境上顯示出來。十二因緣與六度也如是無生即真。這無生的理體，即是通教的理即佛。

㈡、名字即佛

在教理的學習中，明瞭世界的依正、色心、因果的有漏法和出世涅槃的無漏法，都屬於因緣和合之假相，如幻如化，全無實質，因此當體全空。在萬事萬物的緣生中，當下即是真實無生之性，並非分析而空。自此更進一步認識到，生死不可得，涅槃也不可得，這二者祇有名言概念，求其實際，皆如幻化，這正像夢中的境像一樣，雖然宛然明白，但醒後求之，卻絲毫不可得。領悟到了當體即空的無生真理，不再迷惑猶豫，信心堅定、身心慶快，一心一意地以理導行，趨於正修，這即是通教的名字即佛位。

㈢、觀行即佛

在名字即中，雖然已知諸法如幻即空的道理，假使不去修觀，也不能得到實證的利益。因此，要想實證無生，必須實行理觀，纔能遂步取得真實受用。

觀行的初步修持與三藏教的五停心觀、別相念、總相念的事相一樣，但能進一層體會五陰、六入、十二處、十八界諸法，如幻如化當體即空。總破見愛八倒，叫做身念處。其餘受、心、法也一樣，並一齊觀破，在這觀慧上，進修四正勤、四如意足、五根、五力、七菩提、八正道。雖然未得暖法相應理水，而因總相念智慧深利，所以屬於乾慧地，其位置即在三乘的外凡位，但位置雖與前同，然在解慧上卻有相當大的差別。

㈣、相似即佛

即第二性地。因爲觀行得力，伏見思妄惑；無生之理，彷彿欲見，得到相似的法性理水（通教以真諦作為法性，與別圓的真如實相不同。即在三乘的內凡位，與藏教的暖、頂、忍、世第一的四加行位相齊）。

妙玄說：「性地者，過乾慧地，得暖已，能增進初中後心入頂法，乃至世第一法，皆名性地，性地中無生方便解慧，善巧轉勝於前。得相似無漏性水，故名性地。」因此，性地即見真諦法性之地。

㈤、分證即佛

從第三八人地至菩薩地，一共分爲七個位次。

1、第三八人地：三乘依信行、依法行的二種人，體會萬法皆假，發生真空解慧，在無間三昧中，八忍具足，智少一行（惟有七智），所以叫做八人地。

2、第四見地：八智具足，頓斷見惑八十八使、發真無漏，見第一義無生四諦之理。即三乘的見道位，與藏教的須陀洹位相齊。

3、第五薄地：三乘斷欲界六品思惑，煩惱漸薄，與藏教的斯陀含位相齊。

4、第六離欲地：三乘斷欲界思惑盡，與藏教的阿那含位相齊。

5、第七已辦地：三乘斷三界正使盡，知燒木成炭，與藏教的阿羅漢果相齊，聲聞人到此為止。

6、第八支佛地：中乘根利，兼能獨除習氣，如燒木成炭，與藏教的辟支佛果相齊。

7、第九菩薩地：大乘根性，最勝、最利、斷盡正使與二乘相對，因為菩薩從空出假，所以不住涅槃，以神通力，扶起三界的思惑餘習，資助舊業的種子，入於三界生死中，廣度衆生。因為教化之道與空觀之理二而不二，雙流真俗。在世間中遊戲神通，成就衆生，淨佛國土。

通教的菩薩與藏教菩薩不同，藏教爲教化二乘，假說菩薩伏惑不斷，是世尊說教的暫時善巧。通教正好轉換了伏惑不斷的善巧說法，而闡明假使菩薩具足三毒，是不可能成就無量清淨功能。必須先斷三界見思煩惱，然後再以神力方便，廣濟衆生。

㈥、究竟即佛

即第十佛地，菩薩在降生人間時，衆生機緣若已成就，即以一念相應慧與無生四諦理相應。斷見思習氣，證真諦的究竟，斷塵沙的習氣，證俗諦的究竟。坐七寶菩提樹下，以色界純金色光明的天衣爲座，現帶劣的勝應身。因住空性的分段生身爲劣應身，住中道的尊特須彌山身爲勝應身，實爲一佛，故說帶劣勝應身，爲三乘根性，轉無生四諦法輪，因緣盡時，入於涅槃。三界見思的正使和習氣完全除盡，如劫火所燒，炭灰俱盡，與藏教的佛果位置相齊。

通教中具有的三乘根性，同以滅諦作爲初門。但二乘根鈍，僅見於空理，不見空而不空的理性，仍與藏教同歸灰斷，所以說通於前。根性利的三乘，不但見真空之理，並且兼見真空不空的中道妙理。中道妙理與別圓二教相同，所以說通於後。中道又分爲二種：一是但中，惟有中道理性，在理性中不具有諸法。見但中的人，被接入別教中。二是圓中，圓中是最究竟的圓融妙理，當體具足一切諸法，見圓中的人，被接入圓教。在被接的人中，又分爲三位：第一，上根的人在八人地被接；第二，中根的人在薄地和離欲地被接；第三，下根的人在已辦地和支佛地被接。就此三位被接，又各有按位接和勝進接的二種意義。如果是按位接的，可以與別教的十迴向同，或者同於圓的十信。如果是勝進接，可以登別教的初地或者登圓教的初住。既然被別圓二教所接，實際上已經是別圓二教的菩薩了，但在所接教中，仍舊留有第九菩薩地的名稱。到了機緣成熟，示現成佛的時候，就是別教的初地，圓教的初住，來到世間所示現的最高大身，不再是由通教教道得成的佛了。在事實上，通教尚且沒有真正成佛的意義，何況藏教！如藏教的佛果，也僅是別教的初地、圓教的初住所示現的劣應身罷了！況且功用的大小相差極大，是難以比擬的。

又，就意生身而言，通教第三、四、五地的菩薩，修三昧得真空寂滅之樂，普入佛剎，隨意無礙，這是第一種「三昧樂正受意生身」。通教的八地菩薩，覺了諸法自性之體，如幻如化，皆無有實，能以無量的神力，普入佛剎，迅疾如意無礙自在，這是第二種「覺法自性意生身」。通教第九、十地菩薩，覺一切法皆是佛法，得一身現無量身，一時普現，猶如鏡中現像，隨一切衆生種類，同時俱生而無礙，雖觀衆像，而無作爲，這是第三種「種類俱生無行作意生身」。這三種意生身，唯初種三昧樂，尚未斷盡見思，但亦已是須陀洹向位，纔能得證，因此也是不容易的。如果我們用功至此地位，亦必得證意生身，因有性德，必有事用，因事修必顯性德故。

六、通教的觀法

最後談談通教的十乘觀法。

㈠、觀五陰境：了達五陰、六入、十二處、十八界的諸法，完全由緣會而生，並無自性，猶如幻化一般，這似有若無的五陰、六入、十二處等便是初步的觀境。所觀既然如幻，能觀也同樣如幻。二者皆如幻化，則當體即空。根利的人，即證入無生，十觀任運自具。根鈍的人，因不能即入，還須漸次修行。

㈡、真正發心：二乘緣無生四諦，先脫苦輪，沒有度生的心願。菩薩體達諸法如幻，依無生四諦，發起四弘誓願上求佛道，下化衆生，以慈悲心，與樂拔苦，雖然自度度他，但當體即空，了不可得。譬如鏡中之像，來無來相，去無去相。

㈢、安心止觀：以如空如幻的止觀，對治如空如幻的昏散。

㈣、破法遍：以幻化的空慧，任運破幻化的見思煩惱。

㈤、識通塞：雖然了知苦、集與流轉六蔽境界，皆如幻化；出世的道諦、滅諦也如幻化，但以幻化的出世通道，通如幻的六蔽的塞道，以達出世涅槃的目的。

㈥、調適道品：以三十七道品調伏煩惱習氣，以適合於無生的真理，使行人以無行之行，而化歸真實。

㈦、對治助開：體悟三藏的所執無常、苦、空的實法，皆如緣生，以如幻無常苦空來對治實有的無常苦空，助開無生三解脫門。

㈧、識位次：識乾慧等地的如幻位次，而不以凡謬濫聖位。

㈨、能安忍：雖知內外諸障如幻，以不忍而忍，安忍於內外障緣，而入如幻的性地。

(十)、離法愛：不執著第二性地的相似法愛，而策發相似見境，而逐漸分證八人地、見地等位而證真諦涅槃。

這十法和藏教一樣，根性利的人在第一觀中便能悟證；根性稍鈍的人要次第節節深入進修而悟證；根性最鈍的人，要十法具足纔能悟證。

第十二章　別教的教與觀（化法四教）

別教的特點是在教相、義理、智慧、斷惑、行持、依次、因果、果地的八個方面和以前的藏通二教不同，與以後的圓教亦有差距，所以叫做別教。

別教屬於界外大乘法，獨被一類大機菩薩，既然沒有二乘的方便，又不屬於圓教的佛法，因此是菩薩的特殊之教。

別教的義理是用隔歷三諦。不能一三相即的叫做隔歷，隔即互不相融的意思，歷即必須次第而證的意思。如別教中的菩薩，在七住時證真諦，十行時證俗諦，十地時證中諦，是逐漸而證的。藏通二教沒有三諦的名義，所以不同於前，因爲不屬一心三觀，所以不同於後。

別教中具足一切智、道種智、一切種智的三智。在七住時一切智成就、在十行時道種智成就、在十地時一切種智成就，也是次第漸證的。藏通二教單有一切智和少分的道種智（藏教的佛地纔有），一切種智是絕對没有的，所以不同於前。圓教的三智從一心中得，不須漸次而證，所以不同於後。

別教在十信位以析空觀伏見思惑，在初住位以體空觀斷見惑盡；在二住至七住斷思惑；八住至十住用從空入假觀，斷界内上品塵沙惑；十行斷界外中品塵沙惑；十迴向斷下品塵沙惑；初地以上用中道觀，斷無明惑，這是別教的斷惑次第。藏通教二教單斷見思以及少分塵沙，無明的名稱尚未得聞，故無斷無明的位次，所以是別於前二教的。圓教以不斷而斷三惑（即惑體本空，全是實相），圓斷諸惑，所以與次第斷惑是不同的。

在行上說，別教具足戒、定、慧的「聖行」，即十住的入空行；慈、悲、喜、捨的「梵行」，即十行十迴向的入假行；依理成行的「天行」，即初地以上的中道行，從「天行」體，起化他用；示同小善的「嬰兒行」，也即慈用行；示同煩惱的「病行」，即悲用行。以上的五行，藏通二教祇有「聖行」與少分「梵行」，別教具足五行，所以不同於前；圓教一行一切行，別教卻有次第，所以不同於後。

別教的因是正因理性，不屬生死與涅槃的二邊，唯以中道理體而為修行之正因，藏通二教不知中道理體，所以不同於前；因為別教的正因佛性中，不具緣因佛性和了因佛性，所以又不同於圓教的圓具三因佛性。

在果地上說，別教祇能在妙覺極果時，纔證法身；不同於圓教的初發心時，便成正覺的圓融微妙，所以不同於後；藏通二教不知有法身可證，所以又不同於前。

此教所顯示的義理範圍有：四量四諦、不思議生滅十二因緣、不思議六度十度、顯中二諦、圓入別二諦、別三諦、圓入別三諦，現分別解釋如下：

一、無量四諦

㈠、無量苦諦：一法界有無量的苦相，十法界中的無量無邊衆生，更是具足無量無邊的苦相。所以苦有無量相，十法界不同故。這諦理是對法界苦相的最廣博的通達。

㈡、無量集諦：五住之初的見惑已有非常複雜的無量現象，而思惑、塵沙、無明的深細妄惑，更具有無量無邊的微細交錯的現象。所以集有無量相，五住煩惱不同故。菩薩通達一切衆生界的無量煩惱，方能即煩惱而成菩提，廣度一切衆生。

㈢、無量道諦：一佛出世的法門已經無量無邊，如大小二乘，偏圓權實，各有八萬四千法門，猶如恆河沙一樣，不可限量，何況十方佛的法門，更是無量無邊，不可思議了。所以道有無量相，恆沙佛法不同故。菩薩通達無量道相，方能廣施方便普利一切。

㈣、無量滅諦：法門既然無量，由法門而證達的波羅蜜也不同，一乘三乘權實法門等差別的指歸也同樣是無量。所以滅有無量相，諸波羅蜜不同故。無量的因心成就無量的果德，通達無量的果德，方能隨機印證，授記成佛。

二、不思議生滅十二因緣

不思議是指界外大菩薩的境界，不是二乘人所知，更不能思惟擬議，但因未斷變易生死，所以仍有微細生滅相。

這裏的十二因緣的無明，是指根本無明，和藏通二教有不同，藏通二教所斷的是枝末無明，屬分段生死的因，而根本無明，卻是變易生死之因。藏通二教斷了枝末無明，脫出三界生死。如果迷於中道的真實義，就能發起界外偏真的無漏行，並由此而引生方便變易的生死識種。又以界外無漏正受爲緣，生起對涅槃的法愛，並深生取著。這樣便潤生了變易生死的識種，並不斷增長力量，招感方便不思議的變易生死。又因爲不了達心外無法的真義，於是訶棄真空，另外去修萬行，同樣是迷於中道的真實義諦，發起了界外的入假神通行，並由此便引生實報的變易識種。又以界外勝妙境界爲緣，而起神通法愛，並深深取著，這樣便潤生了變易生死的識種，並不斷增長力量，招感實報不思議的變易生死。這樣，直到別教的佛果，十二品無明斷盡，纔斷了方便、實報的二種變易生死。

三、不思議的六度、十度

在以前的六度最後般若度中，又開出方便、願、力、智的四種利生權智，並組成十度，是菩薩廣度衆生的智慧，在一一度中，既攝一切法，又能生一切法和成一切法，浩若恆沙，無窮無盡，不可思議。

四、二種二諦與二種三諦

㈠、顯中二諦：以通教幻有（俗諦），幻有即空（真諦）的真俗二諦作別教的俗諦，以不有不空的中道作真諦，所以叫做顯中二諦。

㈡、圓入別二諦：以幻有、幻有即空作俗諦（與前同），以不有不空，一切法趣不有不空作真諦。不有不空僅是法性體，而這裏論法性具一切法，一切法皆在不有不空的法性中。因此，不有不空之外，更無一法可得。因此這十法界的「無礙」俗諦義，仍屬於別教的義理，而不有不空的真諦，已經成爲圓教的義理，所以叫做圓入別二諦。

㈢、別三諦：即把顯中二諦中的俗諦分爲二諦，即幻有是俗諦，幻有即空是真諦，把原來不有不空的真諦作爲中諦。

㈣、圓入別三諦：幻有是俗諦，幻有即空是真諦，不空不有是中諦，更在中諦中具有一切法，便成圓融中諦了。

五、別教的六即佛

別教的法門，是世尊開示界外的鈍根菩薩，讓他們依此修析空觀、體空觀、入假觀、第一義諦觀的次第三觀。空觀成就，斷見思惑，成一切智，出分段生死；假觀成就，斷塵沙惑，成道種智，出方便變易生死；中觀成就，斷無明惑，成一切種智，出實報變易生死，證中道無住涅槃。

㈠、理即佛（即但中之理）

真如法性不隨染淨之緣而變，雖在九界的迷妄生死中而無所染，雖證佛界涅盤而不淨。九界生死是俗諦的有邊，佛界涅槃是真諦的空邊；但中道真如之體，迴超空有二邊，凝然不變，不即諸法。不具諸法，按圓教圓融具法的真如和這不具諸法的真如比較，一是圓中，一是但中，所以是以「但中」爲理體。

(二)、名字即佛

別教的菩薩在學習了真如法性隨緣不變的道理後，即產生了對真如法性敬仰的心情，並深信真如為萬法之體。凡夫雖然迷妄沈淪生死，但真如法性絲毫不減，雖然覺悟而成為聖人，證入涅槃，而這真如法性也沒有絲毫增加；同時也明白了衆生之所以不能證得真如，是由於客塵（客以不住為義，塵以搖動為義）煩惱的覆蔽。因此要想證得真如法性，必須先修析空觀、體空觀的二種緣修來助發中諦觀的真修，然後纔能證入真如法性，得中道大涅槃。

(三)、觀行即佛

即別教外凡的十信位。十信的信即是順從的意思，菩薩聽到別教因緣假名、無量四諦、佛性之理，以及常住三寶的意義，能隨順不疑，便是信的內容。

1、信心：深信真如法性常住不變的真理以後，而能恆隨順真如，珍護此心，叫做信心。

2、念心：憶念真如不忘，時時返照，叫做念心。

3、精進心：不雜不退，真精進趣，叫做精進心。

4、慧心：真心漸純，知見漸歇，智慧現前，叫做慧心。

5、定心：周遍湛寂，無念無爲，叫做定心。

6、不退心：定光不退，日臻圓滿，叫做不退心。

7、迴向心：迴向佛地，不求餘果，叫做迴向心。

8、護法心：保護真如，不失觀照，叫做護法心。

9、戒心：安住真如而無失，叫做戒心。

10、願心：十方世界隨願往生，叫做願心。

從名字位中對真如法性產生信仰以後，還須依觀破除見思等惑，所以在觀行即中，先用生滅因緣觀，也即以前所說的析空觀，初伏三界的見思煩惱，得到伏忍智，這時與通教的乾慧地和藏教的七賢位相齊，但見解功用，不可同日而語。

以上十信的次第，都以信仰中道爲根本，以因緣析空的方便，漸次深入，經過十千劫的修行信心，圓滿後便入位不退，即得信成就。

(四)、相似即佛

即內凡十住、十行、十迴向的三十心，又稱爲三賢位。

心與理相應，稱爲住。又真空之理是所住之境，無念慧心是能住之心，能所不二，心境相契，即是住義。

第一、十住位

1、發心住：十信得圓滿後，便破見惑，見真諦理，因此不生邪見，廣求智慧開始發起大心，叫做發心住。位次和通教的見地相齊。

2、治地住：初住時既然已見真諦理，再進一步斷思惑，因此，常隨真空淨妄之心用，淨諸修行六度一切法門時的染著，既然以真空心修諸法門，便能亡一切執著之相。如修布施時，了達三輪體空；修戒時，性戒等重戒與譏嫌等輕戒等無差別；及在修禪定時，靜境與散亂境都無妨礙，所以叫做治地住。

3、修行住：治地住中即以空觀修諸法門，在這裏則進一步巧觀空有，長養衆行，叫做修行住。

4、生貴住：以上既已長養衆行，便能成佛家之業，所以生在佛家（即真諦實際之家），至尊至貴，叫做生貴住。

5、方便具足住：既生佛家，必須向佛看齊，因此，帶真隨俗，以各種方便，修無量善根，善根具足時，便叫做方便具足住。

6、正心住：以上雖已具足無量善根，但都屬於前五度的行持，因爲般若度未成，所以正理不顯。這裏再進一步成就般若法門，事相的障礙已除，正理已顯，所以叫做正心住。

7、不退住：般若既成，見思惑到此畢竟斷盡，永無三界生死之因，徹證無生。由是入畢竟空界，叫做不退住。與阿羅漢果位相齊。

8、童真住：童真譬喻人初生之時，太和未散，天真純粹。這時菩薩因患盡空顯，雖然見空而不生取證，並且悲智堅固，廣發度生大心，不生二乘著空的邪倒和破菩提心，猶如童稚的天真純粹，所以叫做童真住。

9、法王子住：以上既已不生二乘邪倒和破壞菩提心，因此菩薩不住在空寂之體，而能入假觀教化有情。依從佛的法王教誡，而生殊勝悟解，將來必當紹繼佛位，所以叫做法王子住。

10、灌頂住：譬如輪王的太子，當紹王位時，陳列七寶，以寶瓶取四大海水，灌王子頂，叫做灌頂。菩薩觀空無相，得無生心，以無生法水灌頂，叫做灌頂住。這時斷界內上品塵沙惑，與通教的佛地相齊。

這個十住位叫做習種性（因這十位中以研習空觀為主），用從假入空觀，見真諦，開慧眼，成一切智，行三百由旬，證位不退。

第二、十行位

行以進取爲義。在十住中，既已發真無漏悟法性理，從此加修從空入假觀，觀無量四諦。

1、歡喜行：在前八住中知空非空。從空入假，直到此位，始入法空，如以法、財布施予衆生時，不被空有、生死涅槃二邊所動，也不受無常、無我、苦、空的二乘狹小見解所亂，內心充滿真法觀前的歡喜，所以叫做歡喜行。

2、饒益行：常以饒益有情的菩薩大戒攝受衆生，使一切有情得到佛法的利益，所以叫做饒益行。

3、無瞋恨行：內心常修安忍法，外身雖然受到捶打，乃至身如大地，任人履踐，菩薩對此，唯有自己謙下恭敬，所以叫做無瞋恨行，也叫無違逆行。

4、無盡行：菩薩行大精進，令一切衆生至究竟涅槃，而不僅祇有少數人獨得涅槃，所以叫做無盡行，也叫做無屈撓行。

5、離癡亂行：以禪定持心，不被無明所迷失惑亂、不昏沈、不散亂、不掉舉，所以叫做離癡亂行。

6、善現行：般若智照，念念現前，由般若智照之力，生生中常在佛國中生，叫做善現行。

7、無著行：以人空、法空為方便，觀於我與我所，二無所有，由是一切皆空，做一切佛事，皆無住著，叫做無著行。

8、尊重行：菩薩依四弘誓願，運大慈悲，與樂拔苦，成就難得的大善根，受天人之所敬重，叫做尊重行，也叫做難得行。

9、善法行：菩薩力行真性、觀照、資成的三軌，說法授人，成物軌則，叫做善法行。

10、真實行：真俗二諦現前之時，菩薩觀此既非如實之體，也非非相之事，雙非空有、顯現中道真實，叫做真實行。

以上十行叫做性種性（分別假性）。用從空入假觀，遍學四教法門，斷界外的塵沙惑，見俗諦理，開法眼，成道種智。

第三、十迴向

因爲在這十位中，菩薩迴因向果，迴事向理，迴自己的功德，善施衆生；事理和融，順入法界，所以叫做迴向。

1、救護衆生離衆生相迴向：以無相心，常在六道中行，不受諸法，不廢諸法，救護衆生而無衆生之相可得，所以叫做救護衆生離衆生相迴向。

2、不壞迴向：觀一切法有受有用，凡夫受有，二乘用空，都是可壞之法，菩薩念念不住二邊，所以叫做不壞迴向。

3、等一切佛迴向：在一切時間中，依三世佛法而行，即所謂運無緣大慈，度無盡衆生，所以叫做等一切佛迴向。

4、至一切處迴向：菩薩以大願力，普入一切佛土中，供養一切諸佛，叫做一切處迴向。

5、無盡功德藏迴向：以中道真實常住之法，授給一切來求法的人，叫做無盡功德藏迴向。

6、隨順平等善根迴向：行無漏的善行，在行善時，不屬有爲，不屬無爲，即空即有，二而不二，成就中道之善，叫做隨順平等善根迴向。

7、隨順等觀一切衆生迴向：菩薩等觀一切衆生或修善或行惡，了無二相，平等一體，即是中道一相，叫做隨順等觀一切衆生迴向。

8、真如相迴向：菩薩心得自在，等觀三世佛所證之體平等不二，寂而常照爲有，照而常寂爲空，一體圓具，叫做真如迴向。

9、無縛解脫迴向：以般若爲能照，以三世諸法爲所觀照，觀境和智照合一，即是一合相，一切法便得無縛，所以叫做無縛解脫迴向。

10、法界無量迴向：覺照一切法，中道無相，所謂一色一香，無非中道，所以叫做法界無量迴向。

以上十迴向叫做道種智（以中道觀能通），修習中觀，伏無明惑，行四百由旬，居方便有餘土，證行不退。

㈤、分證即佛

由最初信仰中道開始，經過塵劫的修空假等方便道，然後得入中道第一義諦觀，到現在位中則無明忽然打破，法身方始證得，但又未圓滿果德。所以叫做分證即佛。

分證的位次即從十地到等覺位。這十地又稱聖種性與等覺性，因爲從初地起，已證入聖人之地。「地」有三種意義：

1、能生成萬物；2、能堅固不動；3、能負荷一切。這十種位次也一樣，既已證入中道實際理地，能生成佛智，能住持不動，能與無緣大慈，負荷一切，所以叫做地。

所謂等覺性，是指所證的覺體與佛相同，但位次還差一等，所以叫做覺等性。

十地爲：

1、歡喜地：《四教儀集註》中說：捨凡入聖，四魔不動，到有無邊，平等雙照，自他俱益，真實大慶，所以叫做歡喜地。

在此地中，菩薩因破一分無明，顯一分三德，以中道觀，見第一義諦，開佛眼，成一分智，行五百由旬，初入實報無障礙淨土，初到寶所，證念不退，從此不加功力，任運流入薩婆若海，隨著可教化的機緣，在百佛世界，現八相成道，利益一切衆生。

2、離垢地：以中道正觀，空有二邊當體無相，以此餘相入衆生界，雖然終日度生，不見有一衆生可度，雖然與衆生共同相處，但無一法當體，猶如虛空，叫做離垢地。

3、發光地：以中道智光，慧照無礙，入上信忍，修習諸佛道法，淨光發生，叫做發光地。

4、焰慧地：順於無生法忍，觀一切法，觀慧發焰，比前更加明淨，叫做焰慧地。

5、難勝地：順無生忍，修佛道法，觀於三界，無明皆空。不但方便塵沙空，即實報，分證寂光無明也空，不是下地所能勝，所以叫做難勝地。

6、現前地：順於諸法無生，觀於三世，寂滅無二；寂滅境相，時常現常，叫做現前地。

7、遠行地：觀諸煩惱，不有不無，當體無生，因此，任運常向上地，念念寂滅，叫做遠行地。

8、不動地：以無生觀，捨於三界，三界是有爲動作之地，菩薩既入寂滅無爲，不被三界諸法的妄動所動，叫做不動地。

9、善慧地：以上品的無生忍，觀於法界，光大佛化，即是念念無生。即以此理，覺悟衆生，叫做善慧地。

10、法雲地：菩薩以此地得菩薩果，證寂滅理，入中道觀，受佛位，既全同不妄不變的真如，也與交徹融攝的法界平等一體，唯以妙法慈雲，覆涅槃海，所以叫做法雲地。

以上十地的十位，各斷一品無明，證一分中道。十地以後再破一品無明，入於等覺位。因爲三魔（煩惱、五陰、病魔）已盡，唯一品死魔存在，向上還有妙覺的位次、位差一等，所以叫做等覺，這時也叫做金剛後心。因爲所修的觀智純一堅利，如金剛一樣，所以叫做金剛後心。還有一品無明未除，所以還有一生，過此一生即補妙覺，所以說一生補處；還有一品無明可斷，所以又叫有上士。

㈥、究竟即佛

從金剛後心，更破一品無明，朗然大覺，妙智窮源，無明習盡，名真解脫，悠然無累，寂而常照，入妙覺位，生蓮花藏世界七寶菩提樹下，大寶華王座，現圓滿報身（身如無邊塵剎，相好也如塵剎），對鈍根菩薩，轉無量四諦法輪。

因爲這別教是菩薩的特殊之教，所以以界外的道諦作入道的初門，因爲藏通的道諦即是界外的集諦，藏通的滅諦即是界外的苦諦，所以別教以界外的道諦對治界外的苦集。在這界外的大教中，不再存在二乘根器，但因別教能接受通教的三乘根性，所以被接的三乘，就成了別教的菩薩，而不再稱二乘了。

六、別教的觀法

最後談談別教的十乘觀法。

㈠、明止觀境：別教初心便以中道爲緣，因爲這中道理體到登地時纔能證得，所以必須用一切行，來啓發它。因此在別教的名字位中就以信仰真如法性，凡不能減，聖不能增，但由客塵覆蔽，而不證得，必須通過緣修，纔能打開本性，見於中道，而起中道真修，方能證入。前面曾談過，緣修就是菩薩在十信、十住中用從假入空觀，伏斷見思；在十行中用從空出假觀，遍學四教四門，斷界外的塵沙；在十迴向中初習中觀，伏住無明。這樣以緣修而入登地的真修，便能迴然超出空有之表，不落二邊。這是十乘觀法的根本，聯繫六即佛的次第，可以尋到漸次的過程。

㈡、真正發心：菩薩以無量四諦爲緣，普爲法界衆生，興起四弘誓願。

㈢、安心止觀：定愛慧策，菩薩既已緣四諦理而發大願，還必須修行以滿願。

所以止觀為根本，如在止中得益，不可起愛，若是生愛，就以觀慧來策發。

㈣、次第遍破三惑：即破見思、塵沙、無明的三惑。

㈤、識通塞：次第三觀為通，見思、塵沙、無明為塞，位位檢察校計，若是塞處，起觀令通。

㈥、道品調適：三十七道品，是菩薩的寶炬陀羅尼。由此行道法，入三解脫門，證中道無漏，趣入於三涅槃門。

㈦、對治助開：假使雖用道品調適，中道無漏仍不能證得，再用藏通的事相行持法，助開三解脫門，以證中道實相。

㈧、識位次：善知十信、十住、十行、十迴向、十地、等、妙二覺的七位差別，以免未證謂證，未得謂得，妄濫上聖。

㈨、能安忍：離違的強賊和順的軟賊，策十信的觀行而入於十住的相似。

㈩、離相似法愛：若於相似中道而生法愛，便成頂墮，因此須離法愛，策十住、十行、十迴向的三十心，入於十地。

三根入道的遲速與上二教同。

第十三章　圓教的教與觀（化法四教）

圓以不偏爲義，但化最上利根之人的教法叫圓教。此教三諦圓融，不可思議，故名圓妙；三一相即，無有缺減名圓滿；圓見事理，一念具足——也就是事造、理具二重三千，於一念中具足，故名圓足；體本圓周，非漸次成，故名圓頓。所以圓教的法門是自始至終都圓融的。所謂圓伏、圓信、圓行、圓位、圓自在莊嚴，圓建立衆生。

圓伏是指大根菩薩從最初聞到圓教的法門後，便能生起圓融的悟解，繼而圓起一心三觀，圓照一境三諦，境觀相應，五住煩惱就能不伏而伏，所以說圓伏。這五住煩惱：

一、即三界的見惑是一住，也叫一切見住地惑，即三界衆生意根對法塵分別起諸邪見，住著三界，所以叫做一切見地住。

二、三界的思惑分三住：

第一、欲界住地惑，即三界衆生由五根對五塵的境界，所起貪愛心，而在欲界住著生死，所以叫做欲愛住地惑。

第二、色愛住地惑，衆生因不了色界思惑，住著色界禪定，不能出離，所以叫色住地惑。

第三、有愛住地惑，衆生因不了無色界的思惑，住於無色界的禪定，不能出離，所以叫有愛住地惑。

三、無明（塵沙）是一住，又稱無明住地惑。這裏的無明即指根本無明，因爲聲聞緣覺未了此惑。沈滯偏空，即住於方便土上。大乘菩薩，能斷除此惑，但仍未究盡，所以住在實報莊嚴上。

圓教的初心，就能圓伏這五住煩惱，可以說是特殊無比的，其他法門確實是無可比擬。

菩薩在圓伏了五住煩惱後，在念念心中，得見圓融三諦，正信自然而生，然後見一切法無不是三諦之理，所以叫做圓信。《摩訶止觀》中說：

甚麼叫圓信？圓信就是信一切法，即空、即假、即中，沒有一二三，但又具足一二三。沒有一二三，是遮止一二三；具足一二三；是照了一二三。無遮無照，一切都究竟清淨自在。聞深法不生怖畏，聞廣法不生疑惑，聞非深非廣法，內心具堅定不變的信心，這就叫圓信。

圓教的人了悟迷惑並無自性，全體即是法界，因為體即法界，所以煩惱不須斷，雖然不斷煩惱，而煩惱自然不生，所以叫做不斷而斷。如五住煩惱斷盡，開佛知見，住大涅槃，就叫做圓斷。

圓行是指圓教的人，隨便修任何一行，就具足了一切諸行。這正是般若經中所說的，一心具萬行，又如《摩訶止觀》中說：

甚麼叫圓行？圓行就是一向專求無上菩提，即空有二邊而當下即是中道，不求二乘、三乘；三諦圓修，不被無邊所寂，不被有邊所動，不動不寂，直入中道，這就叫做圓行。

圓行既已建立，必有圓位可證，證入一位，即具足一切位，便是圓教的圓位，《摩訶止觀》中說：

甚麼叫入圓位？就是入初住時，一住一切住，一切究竟，一切清淨，一切自在，這就是圓位。

圓教以圓融三諦作爲所莊嚴的對象，以三止的定和三觀的慧作爲能莊嚴的主體。止觀不二，能所一如，所以叫做圓自在莊嚴。《摩訶止觀》中說：

甚麼叫圓自在莊嚴？彼經廣說的自在相，或在此根入正受，或於彼根起出說……若委實而說，而於一根一塵，即入即出，即雙入出，即不入出，在正報中，一一自在。在依攝中，也是如是自在，這就叫圓自在莊嚴。

這又可以太陽作譬喻，太陽照四天下，有的地方早晨，有的地方是中午或晚上或夜半，這太陽所照的角度不同而呈現不同的景像，但祇是一個太陽，菩薩的自在也像太陽一樣，照耀無礙。

甚麼叫圓建立衆生？藏、通、別的三教，雖然也有四悉檀的利益，但是收機不廣。這圓教中，菩薩窮心性的源流，徹法界的蘊底，自行既然圓融，所以四悉檀也是普遍的，即所謂爲實施權，開權顯實，權實不二，施用皆能適宜，猶如一雨所潤，大地的百草都能得到利益。《摩訶止觀》中說：

甚麼叫圓建立衆生？菩薩或放一光，能令衆生得即空、即假、即中益。得入出，雙入出，不入出正受的益，行住坐臥、語默作止也是這樣，有緣見者，如目睹光，無緣不覺，盲聾常暗。

菩薩也如龍王一樣，雖安住不動，而能興風降雨，起無量作用，利益一切。

圓教中的義理有：無作四諦、不思議不生滅十二因緣、稱性六度十度、不思議二諦、圓妙三諦等。現分別論述如下：

一、無作四諦

作即造作之意，無作四諦是說明苦、集、滅、道——都是實相。這實相妙理不是造作以後纔有，而是天然本具的，所以叫做無作四諦。

《摩訶止觀》中說：「無作四諦者，皆是實相，不可思議。」荊溪尊者解釋說：

言皆是者，不但道滅是實相，就是苦集也是實相，初後不二，所以叫做無作。我們自己所居的世界以及佛的世界，其餘衆生世界無非實相，五陰、六入全體真實相，所以沒有苦可以捨；無明塵勞即是菩提，所以沒有集可以斷；邊見、邪見等都是中正大道，所以無道可修；生死即是涅槃，所以無滅可證。沒有苦與集，就沒有世間法，沒有道與滅，就沒有出世間法，純一實相，在實相之外，更無別法。

二、不思議不生滅十二因緣

十二因緣之體即圓融的三德，所以是不思議；真常不變，所以是不生滅，由於迷妄的遮蔽，圓融的三德轉成煩惱道、業道、苦道的三道，開立三道成爲十二因緣，所以總稱作不思議不生滅十二因緣。

無明、愛、取的三支，全屬煩惱道，煩惱無性，體即菩提；因此見思煩惱即是實智菩提，塵沙煩惱即是方便菩提，無明煩惱即是真性菩提。圓人既知煩惱全是菩提，叫做菩提通達。本來沒有煩惱，全是菩提真性，所以再也沒有煩惱可得。煩惱既然沒有，業道與苦道也沒有，業空了徹，當下清淨，一清淨一切清淨，解脫法身都清淨。這就是究竟的淨德。就三因佛性上說，這就是了因佛性，了煩惱因即是實相，所以叫做了因。如《淨名經》中所說：「煩惱之儔，爲如來種。」就是這個意思。

行、有的二支屬於業道，因爲這二支能運動身、口、意的功能，造作善惡等業。但業性本空，怎能縛人？所以業即解脫。這樣，有漏業即是空解脫，無漏業即是無相解脫，二邊業即是無作解脫。本來自在，一自在一切自在，法身般若皆自在。自在就是涅槃四德中的我德。就三因佛性說，這是緣因佛性，因爲能以三解脫之緣因，助於了因的清淨，所以能成就我德的自在妙用。

名色至老死的七支屬於苦道，我們現前受苦的身體和受苦的心念，完全屬於因緣所生，緣生無性，即是法性，法性之體周遍，也即法身。所以永嘉大師說：「幻化空身即法身。」法身無相，因此就没有生死苦，也没有涅槃樂，這無苦無樂的「樂」纔是究竟的大樂，也即是涅槃四德之一的樂德。法身真常，所以没有生死，没有生死的真常，即是涅槃四德中的常德。法身既然是大樂又是真常，那麼，般若、解脫也是大樂真常。就三因而言，即是正因佛性，即是真如實相，也叫做在纏法身。

綜合全義，我們可以認識到解脫、法身、般若的三德中，每一德都含有涅槃的四德，由於圓融遍攝，不可思議，無有生滅，故成不思議不生滅的十二因緣。

三、稱性六度十度

稱法界性，而行六度十度，因此每一度即全是法界，其一切法，即空、假、中，所以叫做稱性六度十度。

為甚麼說稱法界性而行諸度呢？就拿布施為例來說明，布施從因緣生，當下無性，竪窮三際，橫遍十方，體自如如，即是真空觀義；這布施一法，圓具十界，一切法無非布施，法界無外，離此更無一法可得，這即是假觀義。有趣可施不可得，非有趣可施也不可得，便成中觀之義。因此，說一度即具足全體法果，也即具足一心三觀，一境三諦的性相，所以是稱性的六度十度不可思議行門。

四、不思議二諦

二諦皆具諸法，此二諦雖說有二即是不二，不二的實相中道之體，又宛然建立真俗諦，所以叫做不思議二諦。

1、俗諦：世間六凡諸法屬幻有，出世的諸法是即真，都屬於俗諦，也就是通指世出世間，三千性相，百界千如作為俗諦，也可以說俗諦中圓具三千性相，百界千如的諸法，那麼，全俗即是真，全體法界。

2、真諦：以不有不空為真諦，這真諦也是圓具三千性相，百界千如的諸法，那麼，全真即是俗，全體性相。

不思議二諦的真即是俗，俗即是真，正像如意寶珠一樣，能隨人的意思而起作用，珠體譬如真諦，珠的作用譬如俗諦，珠體能起作用，珠的作用不離珠體，所以即真即俗，不二而二。

蕅益大師在《教觀綱宗釋義》中說：

三千性相，皆名為俗，一一無非實相，故名為真。三千之外無實相，則即俗恆真，事造即理真也。實相之外無三千，則即真恆俗，理具即事造也。故云理具事造兩重三千，同居一念，亦可云同居一塵，同居一名。如一念，一切諸念亦然；如一塵，一切諸塵亦然；如一名，一切諸名亦然；真俗不二，真俗宛然。

五、圓妙三諦

三諦圓融叫做圓，一即三，三即一，叫做妙。既圓又妙，所以成圓妙三諦。這圓妙的三諦，不但是中諦具足三千性相，百界千如的一切佛法，就是真諦也具足一切佛法，俗諦也同樣具足一切佛法。就真諦一邊說，三諦都是泯相，就俗諦一邊說，三諦全是建立。泯相不礙建立，建立不礙泯相，即三諦而一諦，即一諦而三諦，所以叫做圓妙三諦。

這圓教的法門，是世尊開示界外的利根菩薩，令他修一心三觀，圓超分段、變易的二種生死，圓證究竟的三德祕藏。

一心三觀是臺宗的觀照精髓，是臺宗一脈相承的宗要，所以對此要深入研究理解，纔能在下手做觀時，不致錯亂修習。

一心三觀的一心，是指現前的一念六識妄心。這一念妄心體具諸法，即空、假、中，但肯直下照去，三觀任運圓成。因此若能念念迴光返照，便成全性起修，全性在性，性相不二的圓融修法。如世間伊字（∴）的三點，首羅的三目，不縱不橫，不並不別，不前不後，也不一時，全體圓融，不可思議。

六、圓教的六即佛

以下談談圓教的六即佛。

以前三教雖然也在當教各論六即，但都未究竟，因爲藏通的極果，僅同圓教的相似即佛；別教的妙覺，僅同圓教的分證即佛，又就以前三教而論，但有「六」義，沒有「即」義，因爲未知心、佛、衆生三無差別的圓融妙理。所以概括而言，藏通的無學，別教的十迴向，都叫做理即。因爲未解圓融的中道，所以在別教登地時，每破一分無明，見一分法性，纔同於圓教，方成分證即佛。

荊溪尊者說：

此六即義，起自一家（指天臺智者一家），深符圓旨，永無衆過，暗禪者（不明教理之禪者）多增上慢；文字者，推功上人，並由不曉六而復即。「即」者，廣雅云：「合也。」若依此，仍似二物相合名即，其理猶疏。

今以義求，體不二故，故名爲即。

㈠、理即佛

圓教以不思議的理性爲體，因爲三諦圓妙唯證乃知，非餘所測。古人所謂：「心欲思而慮亡，口欲言而詞喪。」所以以不思議的理性爲體。這不思議理性，三諦不異故，名爲「如」，又能循業發現，故名爲「來」，體含萬法，叫做藏，三名合在一處就叫做如來藏。由於迷悟不同，全如來藏而成十法界的依正。因此，這十法界的依正，隨檢一法，莫不是如來藏的全體。那麼如來藏體，雖然不變，又能隨緣，雖然隨緣，又是不變。所以隨檢一法，無非法界。這樣，我們一念芥爾之心，與諸佛及衆生一一全是法界。所以經中說：

心佛及衆生，是三無差別。

既然是無差別，那麼，在凡不減，在聖也不增，圓融妙理，不可思議。我們衆生雖然全體是法界，全體即佛，但因不覺，不悟三諦妙理，所以未能起全體的大用，而受生死的纏縛，於是在無差別的理上，幻現生佛懸殊的假相。因此景德頌云：「動靜理全是，行藏事盡非，冥冥隨物去，杳杳不知歸。」正是說明理即的情況。

㈡、名字即佛

雖天然的性德人人本具，但衆生長劫以來，因迷了自性，所以在生死長劫中不知不覺，現在從善知識處或在經卷中，學習到三諦圓融的微妙真理，這纔覺悟到自己的過去，正如乞食他方的窮人，卻不知自己的衣服中原有無價的明珠。所以景德頌云：「方聽無生曲，始聞不死歌，今知當體是，翻恨自蹉跎。」

在學習中明白了三諦圓融的妙理後，便能了知一色一香，無非中道，理具事造的兩重三千，同在一念之中，如一念是如是，一切諸念也是如是，如心法是如是，一切佛法以及衆生法也是如是，也就是所謂的：「心佛衆生三無差別。」如果能如上的信解，便成圓教的圓解了。

這裏要進一步說明的是：爲甚麼說一色一香無非中道，如果是圓融地理解三諦道理的人，是不會產生疑難的。有些知見未達的人，對此確實難以相信，歷史上也曾對此問題發生過爭執，因此有說明的必要。

這裏的中道即是法界，色香等物世人都認爲是沒有生命的無情物。如果說色香具有中道義，也許容易接受，假使說這些色香等物的無情，也具有佛性（中道、佛性、法界三義相通），世人就會大惑不解，覺得太違反常識了，所以用以下的十種意義作爲這一總是的解釋：

1、約身言：佛性應該具有三身，不可單獨祇有應身性。如果說具足三身，法身是周遍十方十界的，這就和無情沒有隔閡。

2、從體下說：三身是相即的沒有暫時可離，既然承認法身遍一切處，報、應二身未嘗離於法身，何況法身之外，報、應二身常在，所以我們可以明白不單是法身遍於諸法，就是報、應二身也是遍於諸法的。

3、約事理而言：從事相上分有情無情，從理體上則有情無情就沒有區別，因此有情具佛性，無情也具佛性。

4、約土而言：從迷情故，分於依正，從理智而言，依即是正，如常寂光，即是法身土，身土不二，佛性就不隔於無情了。

5、約教證而言：從教道而言，分爲有情無情；從證道而言，一證一切證，一人成道，一草一木皆成道，故就不可分於二了。

6、約真俗而言：真諦唯有一體，俗諦上可分爲有情無情，因此，不二而二，二而不二。

7、約攝屬而言：一切萬法，攝屬於心，心外無一切諸法，所以有情無情，唯是一心所造，有情的心體遍一切，無情的草木也不離自心以外。

8、以因果而言：從因從迷而言，執有情無情爲異，所以成隔；從果從悟而言，佛性恆有，周遍常存。

9、約隨宜言：因人生的機宜，以四悉檀法，利益衆生故，暫說有情無情有區別，而實無區別。

10、約隨教言：藏、通、別三教說無情無佛性，圓教說無情有佛性。前三爲權施，圓教爲實指，故圓教爲真實。

在教的悟解上，應對上述問題有所認識，否則便不悟圓融三諦諸法，因此，在學習時首先要有深度與廣度的悟解，然後起觀，纔不致半路曲折，或落於狹、小、偏上去，對修持來說，是十分重要的。

㈢、觀行即佛

以上既開圓解，次依圓解而起圓行。在圓行中，若境智相應，即稱爲佛。所謂一念相應一念佛，念念相應念念佛，因此叫做觀行即佛。觀行即佛在行持上分爲五品，屬於未證真理的有漏凡夫，所以稱此時爲五品外凡位。五品有隨喜品、讀誦品、講說品、兼行六度品、正行六度品，現分述如下：

1、隨喜品：在一念心中，能隨順三諦妙理是隨義，然後回顧自他，慶己慶人，是喜義。妙玄說：

若人宿植深厚，或值善知識，或從經卷，圓聞妙事。謂一法一切法，一切法一法，非一非一切，不可思議（如名字位中所說），起圓信解。信一心中，具十法界，如一微塵有大千經卷，欲開此心，而修圓行，圓行者，即一行一切行（略言為十。這裏的十行心，就是以下十乘觀法中所說，可以先閱）。舉要言之，其心念念與波羅蜜相應，即是隨喜品位。

2、讀誦品：對著書本看叫做讀，背著書本念叫做誦。讀誦大乘經典，爲了幫助更好地做到理觀工夫，妙玄說：

行者圓信始生，善須將養，若涉事紛動，令道芽破敗，唯得內修理觀，外則受持讀誦大乘經典。聞有助觀之力，內外相藉，圓信轉明，十心堅固（即十乘觀法）。

《金剛般若》云：

一日三時以恆河沙身布施，不如受持一句功德。初品觀智如目，次品讀誦如日，日有光故，目能見種種色。

3、講說品，將自己的理解，轉示講解給別人聽，以助自己的理觀。妙玄說：

行者內觀轉强，外資又著（顯著）。圓解在懷，弘誓熏功，更加說法，如實演布。

《安樂行》云：「但以大乘法答，設方便隨宜，終令悟大乘。」《淨名》云：「說法淨，則智慧淨。」毗曇云：「說法解脫，聽法解脫。」說法開導衆生，是使受法的人得道的全因緣，這化導之功歸於自己，十乘觀心則能三倍增明。因此第三講說品是自他二利的。

4、兼行六度，理觀稍熟，力量漸充，即以六度法門兼行利益衆生。妙玄說：

行者前熟觀心，未遑涉事，今正觀妙明，即兼利物。能以少福施與法界虛空等，使一切法趣檀（布施），檀（即為全體）爲法界。《大品般若》云：「菩薩少施，超過聲聞、辟支佛上，當學般若。」即此意也。餘五品（指六度中的余五度）亦如是，事相雖少，運懷甚大。此則理觀爲正，事行爲偏，故言兼行布施。事福資理，則十心彌盛，是名第四品位。

5、正行六度，行者內觀已經成熟，涉事無妨，所以能正行六度。妙玄說：

行人圓觀稍熟，事理欲融，涉事不妨理，在理不隔事，故具行六度，若布施時，無二邊取著，十法界依正，一捨一切捨，財身及命，無畏等施。若持戒時，性（性戒）重（十重戒）譏（譏笑）嫌（嫌言。此二屬輕戒）等無差別，五部輕重，無所觸犯。若行忍時，生（生忍）法（法忍）寂滅，負荷安耐。若行精進，身心俱勝，無間無退。若行禪時，遊入諸禪，靜散無妨。若修慧時，權實二智，究了通達，乃至世智，治生產業，皆與實相，不相違背。具足解釋佛之知見，而於正觀如火益薪，此是第五品位。

此上的五品圓行功德，十方世界中的一切殊勝功德，難以譬喻。因爲雖然是圓教的初心，其實已勝過聲聞無學的功德。因此，圓行得力，五住煩惱，不伏而伏。這時便與別教的十信位相齊。雖在伏惑的位次上相齊，但解行的程度實有霄壤之別。景德頌云：「念念照常理，心心息幻塵，遍觀諸法性，無假亦無真。」此頌即觀行即佛。

㈣、相似即佛

從以上的名字即佛的圓解，到觀行即佛的十心圓行，伏了五住煩惱，再進一步脫落麤垢，因已對圓融妙諦的悟解，相似得見，所以叫做相似即佛。

由觀行十心的五番增明，進入圓位，這就是十信內凡位。妙玄說：

十信位者，初以圓伏起圓信，修於圓行。善巧增益，令此圓行。五番深明，因此圓行，得入圓位，故云十信內凡位。內凡者，雖身居有漏，而相似見理，不必於心外取法，故稱內凡。

信位的名稱和別教相同，但聞圓、信圓、行圓、位圓，皆以佛知見而為用事，因此在意義上，是大不相同的。現分述十信如下：

1、信心位：以善修法界平等，即入信心位。也即初心的觀不思議境的成就。這時能不斷而斷、任運斷諸見惑。對法界圓融平等的理體，已略窺一斑，所以叫做信心。菩薩住這初信中的位次，永遠不會退轉，叫做位不退。這時斷八十八使見惑，和別教的初住，通教的見地，藏教的初果的位次相齊，當然，這時的解行，是比以前三教更加殊勝，不可思議的（十乘觀法中的初觀）。

2、念心位：由善修慈愍，即入第二念心，即真正發菩提心，念念救度衆生。（第二觀）

3、進心位，善修寂照，即進入第四慧心。（第三觀）

4、慧心位，善修破法，即進入第四慧心。（第四觀）

5、定心位，善修通塞，即入第五定心。（第六觀）

6、不退心位，善修道品，即入第六不退心位。（第六觀）

7、迴向心，善修正助，即入第七迴向心。（第七觀）

到了七信時，思惑不斷而斷，任運斷三界的思惑盡。位次與別教的七住，通教的已辦地，藏教的四果相齊，而更加殊勝。妙玄說：「同除四住，此處爲齊，若伏無明，三藏則劣也。」說明圓教的七信比較前三教是特別殊勝的。

8、護法心位，善修凡聖，即入第八護法心，斷界內上品塵沙。（第八觀）

9、戒心位，善修不動，即入第九戒心位，斷界外中品塵沙。（第九觀）

10、願心位，善修無著，入第十願心位，斷界外下品塵沙。（第十觀）

到了十信位後，猶如在向寶所路上，已行了四百由旬，證得位不退，和別教的十迴向位次相齊，而藏通教已沒有和這相齊的境界了。

景德頌云：「四住先已脫，六塵未盡空，眼中猶有翳，空裏見花紅。」此頌即相似即佛。

㈤、分證即佛

在十信位中，見思、塵沙已經脫落，在分證中，就是破無明了。無明破一分，就能證一分三德。既證三德，即能分身百界作佛，所以叫做分證即佛。

這分證的位次有：

1、十住：開佛知見住於諸佛的三德祕藏，所以叫做十住。

⑴、發心住：以真方便發起十住心，涉入十信之用，圓成一心之住。

⑵、治地住：此時證真之心明淨，如琉璃內現精金，因以妙心不治而治諸惑，故名治地住。

⑶、修行住：涉知前地俱已明瞭，故旅履十方而無留礙。

⑷、生貴住：與佛同受佛的氣氛，彼此冥通，入於如來種性。

(5)、方便具足住：自利利他，方便具足，相貌無所缺少。
(6)、正心住：不但相貌無缺，此時心相也與佛同。
(7)、不退住：身心合成，日日增長。
(8)、童真住：佛的靈相，一時具足。
(9)、法王子住：由初發心至第四生貴住，皆名入聖胎，由第五至第八住稱爲長養聖胎，而於第九則形相具足，便如圓滿出胎。
(10)、灌頂住：菩薩即爲佛子，堪行佛事，則佛以智水灌頂。

2、十行，是示佛知見，妙玄說：

從十住後，實相真明，不可思議，更十番智斷，破十品無明，一行一切行，念念進趣，流入平等法界海。諸波羅蜜，任運生長。自行化他，功德與虛空等，但利他之行未滿，故應經歷十行的修道修習。

(1)、歡喜行：以如來妙德，隨順十方。
(2)、饒益行：利益一切衆生。

(3)、無瞋恨行：自覺覺他，無違逆心。

(4)、無盡行：隨衆生的機類而現其身，三世平等，通達十方，利他之行無盡。

(5)、離癡亂行：種種的法門雖有不同，但能一切合同而無差誤。

(6)、善現行：因離癡亂故，能於同類中現異相，在一一異相，各現同相，同異圓融無礙。

(7)、無著行：十方虛空充滿微塵，在一塵中現十方界，塵界各不留礙。

(8)、尊重行：又叫難得行，因爲以前種種現前，都是般若觀照之力，故在六度中特尊般若波羅蜜。以其殊勝故，稱尊重行。

(9)、善法行：圓融之德，能成十方諸佛的軌則。

(10)、真實行：所證的圓融諸相，一一皆是清淨無漏一真無爲之性，本來常恆。

3、十迴向，是悟佛知見，妙玄說：

即十行位，無功用道，不可思議，真名念念開發，一切願行事理，自然和融，迴入平等法界海，更十番智斷，破十品無明，故名迴向。（細目略）

4、十地是入佛知見，妙玄說：

十地位者，即是無漏真明，入無功用道，猶如大地，能生一切佛法。荷負法界衆生也。普入三世佛地，又證十番智斷，破十品無明，故名十地也。（細目略）

5、等覺，等覺的等字，即是去佛一等的意思。妙玄說：

觀達無始無明源底，邊際智滿畢竟清淨，與無明父母別，是名有所斷，名有上士也。

如上所述，初住時斷一分無明，證一分三德，一心三觀任運現前，這時具足了佛的五眼，成就一心三智，行五百由旬，初到寶所，初居實報淨土，同時也分證常寂光淨土；證念不退，無功用道；現身百界，八相作佛，與別教的初地相齊。從第二住到第十住，與別教的十地相齊。初行與別教的等覺相齊，二行與別教的妙覺相齊。從三行以後，所有的妙智及斷無明的品數，別教之人連名稱也不知道（因僅知十二品無明，所以不知）。

景德頌云：「豁然心開悟，湛然一切通，窮源猶未盡，尚見月朦朧。」即頌分證即佛。

㈥、究竟即佛

這是無上佛法的最究竟的位次，窮萬法的源底，一切智斷都已圓滿，所以叫做究竟即佛。

菩薩在等覺時，再斷盡四十二品最後的一品無始生相無明。斷了這最後一品無明，便成妙覺，一一迷惑不復再生。所謂五住窮盡，永別無明父母，因爲再也無煩惱可斷，所以又稱爲無上士。這時斷德究竟，更無過上，所以究竟登涅槃的山頂，以虛空爲座，成清淨法身。在法身中，三身互具，一一相好，無非實相，居上上品常寂光淨土（常即法身，寂即解脫，光即般若），也叫上上品實報無障礙淨土。此時三身一體，三身相即，便是性修不二的究竟。三土無非常寂光，便是理事平等的究竟。

景德頌云：「從來真是妄，今日妄皆真，但復本時性，更無一法新。」即頌此究竟即佛。

這圓教始終以佛知見而爲修行，稱爲最上佛法，也叫無分別佛法。不落凡外思擬，無言説道，當體寂滅，所以用滅諦作初門。無論甚麼人，但有血性，悉具佛性。因此，雖然是最上的佛法，而又能接通前二教的根基，所以説，一切衆生當體即佛。而通別教是這樣；別教上根在十住被接，中根在十行被接，下根在十迴向被接。按位次接，即成圓教的十信，按勝進接，即登圓教的初住。接通教的情況已在通教的教觀中説明，這裏不再重複。由此我們知道，別教接三賢位而不接十聖位，通教接聖果位而不接賢位。因爲別教登地後，就稱聖人，證道與圓教相同，所以不再論接。通教八人地以上，便名爲聖，方可受圓教接。如果在乾慧性地的二賢中，僅可轉入別圓，不得論接。若藏教未證聖位（即羅漢、辟支佛），還有轉入通、別、圓的之義。若已經證入聖位，因保果不前，永無接義，直等到法華會上，才能會入圓教。

七、圓教的十乘觀法

㈠、觀不思議境

心佛衆生，三無差別，心法、佛法、衆生法，一一皆不可思議，也都可以作爲觀境。但初機之人，往往認爲佛法太高，衆生法太廣，所以就現在自己的五陰、六入、十八界諸法，作爲所觀之境。如還太廣，就可揀去十八界、六入，而單觀五陰。在五陰法中又可捨去前四陰，單觀一個識陰。又，七八二識，微細難見，前五根識，現起的時候不多，所以單觀現前一念的第六意識。就是說以第六意識作爲所觀的對象，這樣的觀境，近在目前，時時現起，可以說是入道的關鍵。

這現前第六意識，不起念則已，一起念則於十法界中，必落一界，既落一界，其心必具百界千如。因爲這隨落一界之心，不是心的少分，而一定是心的全體，所以心外更無百界千如。若能頓了現前一念，全具百界千如三千性相，無自性，無他性、無共性、無無因性、無性亦無性，就能頓證三德祕藏；就是初發心時，便成正覺；就是定慧平等莊嚴；就能遍破三惑；就已了知一切諸法中，皆有安樂性；就已具足圓妙道品；就已到於事理彼岸；就已登於菩薩正位；就已永超十魔八魔；就已心心流入薩婆若海。這就是所謂上上根人，祇於觀不思議境的一法中，就能具足十法乘。

㈡、眞正發菩提心

假使雖然已經觀心，未能頓入，應念心佛衆生三無差別，爲甚麼諸佛已悟，我及衆生猶滯迷情？由是以無作四諦爲緣，殷重發起四弘誓願，因發心故，一發一切發，登發心位。則是定慧平等莊嚴，遍破三惑，知一切法皆安樂性，具圓妙道品，到事理彼岸，登菩薩正位，超十魔八魔，心心流入薩婆若海，知一切法本不思議，這就是上中根人，在第二真正發菩提心中，具足十法乘。

㈢、善巧安心止觀

假使雖已發心，心仍散動，未能登位。應念心體本來寂照，善巧調適，或者以即寂之照，令不沈没；或者即照之寂，令不浮散。如果能去除浮沈這病，心體自然能明淨，遍破三惑，證安樂性，具圓道品，到事理岸，登菩薩位，超越魔境，入薩婆若，知一切法本不思議，初發心時便成正覺。這是上直根人，在第三善巧安心止觀中，具足十法乘。

㈣、破法遍

假使雖以止觀安心，心仍未安，未得即證寂照本性，這一定是在所觀的一念三千之外，猶存意解，未知當下即空、假、中。應當以四性而揀擇所著之心，根利的人，祇觀一念三千無自性，即當悟入無生，無生則無所不生，三諦圓顯，十乘具足。若根鈍者，破自生，就必執他生；破他生，就必執共生；破共生，必執無因生。這樣輾轉破盡，方悟無生，具足十乘。假使還未悟入，必當度入相續假中，應觀此一念三千，是前念不滅，後念相繼？還是前念滅，後念相續而生三千諸法呢？是前念亦滅亦不滅而生呢？這樣推檢，如仍舊不悟，必當度入相待假中。應觀此一念三千，是待有念而生呢？還是待無念而生呢？是待非有念非無念而生諸法呢？如此輾轉揀擇，若能悟入無生無所不生者，則知一切法中，悉有安樂性，具圓道品，到事理岸，登菩薩位，超越魔境，入薩婆若，知一切法本不可思議，便成正覺，定慧莊嚴，遍破三惑，證安樂性。這是中上根人在第四破法遍中，具足十法乘。

㈤、識通塞

假使在四性的因成上，相續假的推檢和相待假的揀擇中，仍未入門者，應思惟一切諸法中，悉有安樂性，但除其病，不除其法。如果一向破法，就會因破成塞，所以這時應善識通塞。若是塞就須破，若是通就須護，由此識通塞的緣故，煩惱即是菩提，菩提通達，無復煩惱；生死即涅槃，涅槃寂滅，無復生死，則能具足圓妙道品，到事理岸，登菩薩位，超越魔境，入薩婆若，知一切法本不思議，便成正覺，定慧莊嚴，遍破三惑。這是中根人，在第五識通塞中，具足十法乘。

㈥、調適道品

假使在識通塞中，仍未即塞成通，應觀現前一念三千性相不可思議，即是圓心念處，一心念處，即是一切心念處。正勤策發，緣如意定，而生五根，令其增長，而有五力。調停七覺支，趣入正道，開圓三解脫門，而入祕藏中，則能到於事理岸，登菩薩位，超越魔境，入薩婆若，知一切法本不思議，便成正覺，定慧莊嚴，遍破三惑，證得諸法皆安樂性。這是中下根人，在第六調適道品中，具足十法乘。

㈦、對治助開

假使雖已調適無作道品，但因觀慧力弱，蓋障遍起，不能入位，必有無始事障未除，應審查觀察。何障偏重，數數現呢？應兼以事行，對治偏重的事障，以理觀爲主，以事行爲助，正助合行，不惜身命，誓當克證終不生懈怠之心。因爲由事理的二種對治，能治無始以來的事理二種幻障，所以能豁然證入，位相分明，則能永超魔網，入薩婆若，知一切法本不思議，便成正覺，定慧莊嚴，遍破三惑，證安樂性，具足圓妙道品。這是下三根人，在第七對治助開中，具足十法乘。

㈧、識位次

在對治助開之時，縱使鈍根也一定能獲得利益，倘若不知位次，起增上慢心，以凡濫聖，招過不輕，所以須深自簡察，到底是究竟即佛位呢？還是分證、相似即佛？或者僅僅是小輕安呢？既然已知位次，方不起上慢心。

㈨、能安忍

雖不起增上慢心，必有强軟諸魔，惱亂真修，須知安忍，不動不退，策進五品觀行，而入十信位。既已入於十信，則已六根清淨，得順道法。

㈩、離法愛

因爲以上已六根清淨，順於道法，但容易生起法愛，所以必須離法愛。而入分真。入分真已，分得大理、大誓願、大莊嚴、大智斷、大遍知、大道心、大力用、大權實、大利益、大無住，這即是下根人，具修十法而成大乘。

這十乘觀法，上根人，即在第一觀境中具足十法。中根人，從二至六輾轉修學。在一一中得具十法，下根人必須具足十法。

如前所述，佛法的根本在於圓教，圓教的真實法義乃佛出世本懷，之所以要說前三教，目的有二：一是根機有利鈍，二是爲了防止偏曲。所以論述圓教是臺宗的宗趣，是關鍵所在。這圓教的義理，在臺宗三大部中，有更詳盡的闡示，應當深入研究。

結論

通過以上的學習，我們已明白教與觀的差別與作用，也深悉釋迦如來與歷代祖師的悲願苦心，爲了度化衆生，千萬方便，說種種法，示種種行，爲令一切衆生皆入菩提大道，圓成究竟佛果。但是我們在深體佛祖悲心外，還應不被教相所迷亂，因爲執著教相，是理不出頭緒來的，這又成了毛病，而障礙了悟理與實行。故在學習教相時，不必死記語言，而應深入義理，融貫全體，抓住中心所在，冥冥神會。能進得去——洞悉差別，又能出得來——融歸中道，一覽無餘，因此即言離言，即相離相，乃至即法離法，即修離修，方成圓解，便爲入道捷徑。

由此我們知道，法是指示修行的門徑，並非修行的本身，修行不過是借種種法門打開本有的性德。歷代祖師亦是借法得三昧、入正位然後從真心中，應機觀物，自然流出無量法門以度化有緣；我們也應在明白道理後，發起大信心、大願心、精進心，進一步地來實證佛法，故應揀擇一當機的法門，一門深入，朝斯夕斯，念念不離，但在行時，言解都絕，一絲不掛纔可。因爲真實的佛法是離分別的，祇有在言語道斷，心行處滅，三心頓歇之際，方能頓契中道，無明止息，三昧現前，任運無礙。因此，我們可以得出結論說：

學習教相衹是爲了明白理路，明理後忘教而入觀，則全教理即觀行，全觀行即教理。然後步步深入，理離思擬，觀離有無，教觀皆空，豁入真性，如是宛具諸法，妙用無盡，中道廓然，圓成佛道。

至於臺宗教觀與各宗的關係，可以說禪宗是教外別傳，所以不關文字；又是教內真傳，所以又可在通、別、圓的三教中看到禪人悟證的痕迹。天臺是顯，但顯中具密，密非賢位以上不能傳，所以以顯入密，以密證顯，顯密不二，方成圓旨。淨土法門是一切法的歸趣，一句佛號圓攝五時八教，所以衹有真正通達五時八教者，纔能在念佛時具足一切法，且三身的念佛法，四土的往生境，都不離當人的教觀智行。

由此可見，一切宗派不離於教，一切行門不離於觀。通達教觀者，方知一切宗派的精要妙義，方不致得少爲足，形成矛盾。

國家圖書館出版品預行編目資料

佛法教觀入門／宋智明著. -- 初版. -- 新北市：華夏出版有限公司, 2022.09

面；　公分. --（Sunny 文庫；171）

ISBN 978-986-0799-22-4（平裝）

1.佛教教理

220.1　　110010941

Sunny 文庫 171

佛法教觀入門

著　作　宋智明

印　刷　百通科技股份有限公司

電話：02-86926066　傳真：02-86926016

出　版　華夏出版有限公司

220 新北市板橋區縣民大道 3 段 93 巷 30 弄 25 號 1 樓

電話：02-32343788　傳真：02-22234544

E-mail：pftwsdom@ms7.hinet.net

劃撥帳號　19508658 水星文化事業出版社

總 經 銷　貿騰發賣股份有限公司

新北市 235 中和區立德街 136 號 6 樓

電話：02-82275988　傳真：02-82275989

網址：www.namode.com

版　次　2022 年 9 月初版一刷

特　價　新台幣 280 元 (缺頁或破損的書，請寄回更換)

ISBN-13：978-986-0799-22-4